Beautiful Life

Beautiful Life

日本外科權威南雲醫師
教你強化專注力的60個習慣

為什麼一流人才的專注力能持續一整天？

南雲吉則
南雲診所總院長、醫學博士、
乳症專科醫師——著

簡琪婷——譯

前言……

專注力是克服人生難關的力量

我的一天從凌晨三點開始。在萬籟俱寂的黑夜中沉思默想，此刻是我最幸福的時光。

我是南雲吉則，一名乳症外科醫師。

我以「呵護女性重要胸部的美容、健康、功能」爲宗旨，每天奔波於國內五家乳症科診所之間，而且親自進行一天三場的重建手術。

沒錯，我的主治專長就是「乳房重建」。

此爲利用矽膠植體，美化重建因乳癌而失去的乳房。

除此之外，我也動手撰寫大量醫學論文，以及健康、回春、瘦身等相關書籍，並到全國各地發表演說，還擔任常態性電視節目的來賓。

雖然常有人對我說「我經常看你的電視節目喔！」、「你看起來總是那麼年輕」、「你的活力從何而來啊？」但我並不覺得自己下了很多工夫在保養上。而且我也沒有值得向人炫耀的知識、體力及能力。

當我自問「這種活力的泉源究竟為何？」，此時閃過腦際的字眼就是「專注力」。

我去年滿六十歲了。

通常這是準備退休的年紀，但充滿在我清瘦身軀中的「夢想」和「希望」並未衰減，反而如青春年華一般熾熱旺盛。

有道是「歷史的締造總在黑夜」，若問我的熱情往往出現於何時？就是在此萬籟俱寂的黑夜之中。

我一天睡六小時。由於晚上九點便上床就寢，所以凌晨三點就起床。這時候四周仍一片漆黑，空氣中帶著一股涼意，沒有半點聲響，耳中傳來嘶嘶耳鳴；身體並不覺得疲倦，腦中思緒清晰，雖然胃裡空無一物，但毫無空腹感；縱使將電腦開啓，晚上收到的電子郵件卻不多，手機和LINE皆悄然無聲，此刻正是得以回歸「南雲吉則」獨自一人的時光。

我的信念爲「眞理即單純，萬物皆共通」，意思是只要修習一種學問，即可通曉萬物；若是學習萬物，則將回歸於一個眞理。

如果把平日的疑惑整理成哲理就叫做人生的話，我的人生即由凌晨三點開始，一直持續到九點上班前。沒想到每天竟有六小時的時間，相當於一天的四分之一，可任我悠遊於心靈境界之中，我特別將此稱爲「人生紅利」。

換言之，早上九點到傍晚六點的九小時，是我身爲醫師的看診時間；傍晚六點到晚上九點的三小時，爲與各界友人歡聚交流的晚宴餐敘時間；晚上九點到半夜三點的六小時爲睡眠時間；半夜三點到早上九點的六小時，我則會撰寫書籍、準備演講稿、籌劃事業，還會讀書進修。

只要於人生紅利這段時間面對電腦，白天因滿腦子雜念而渾沌不清的資訊，將開始盤旋腦中，接著片段的資訊彼此串聯成單字，單字再相互連成短文，當發覺一些短文如龍捲風一般颳起時，狀似遺傳基因DNA的螺旋體隨之形成，並產生脈絡。這一瞬間，興奮波將擴及全腦，嶄新的概念就此誕生。

接著概念會成爲自身血肉，表現於平日的言行舉止中，進而變成行動、行爲，讓概念更趨具體化。而這一連串活力的來源，正是「專注力」。

倘若我的人生當中有幾個所謂的成就，那全是因這種「專注力」所造就而成。

當我讀到高二第二學期時，雖然就讀的是國高中直升學校，卻沒找到人生目標，成績幾近吊車尾。這時我突然萌生成爲醫師的念頭，不僅快馬加鞭地拚到名列前茅的成績，還應屆考取第一志願的醫學大學，這全要歸功於「專注力」。

雖然我的成績爲同年級倒數第一名，但仍一舉通過醫師國家考試，這也要歸功於「專注力」。

我能籌劃乳症專科的全新醫療，才花兩週時間便寫完一本書，一樣要歸功於「專注力」。

我能一邊開業行醫，一邊寫出篇數多到不輸大學附設醫院值班醫師的論文，穩固我在醫學界的地位，同樣要歸功於「專注力」。

我能重整背負巨債的父親所開的診所，並在全國五個城市擁有乳症專科診所，依然要歸功於「專注力」。

此外，我並沒有因爲奔波全國各地看診而忙得不可開交，甚至得以連續出版多本暢銷書，這還是要歸功於「專注力」。

若問「只要具備專注力便無所不能嗎？」我絕對毫不遲疑地回答YES。

如果進一步問是否在任何條件下，專注力皆得以發揮？答案則為NO。

當「書神」翩然降臨，全神貫注於寫稿之時，不過是吃了一顆御飯糰，書神便消失無蹤。

此外，不過是於前晚攝取「劣等酒」和「瘋狂食材」，早上醒來便感覺倦怠無力，全身發燙。

甚至不過是和「卑鄙小人」有所牽扯，內心便如浮沉於驚濤之中的小船一般搖來晃去。

在這樣的狀態之下，無論再怎麼自我勉勵，專注力也不會一湧而出。

專注力有如肌力一般，無法任我們隨意擺佈。如果沒把身體、心理、環境整頓打理成最佳狀態，幾乎可以說是毫無用武之地。

爲了克服人生的障礙，專注力絕不可或缺；爲了克服無數高難度的障礙，達到號稱「卓越」的顚峰境界，也必須確保專注力持之以恆。日本人很喜歡「努力」、「意志力」這類的字眼，不過若打算單憑如此克服障礙，勢必慘遭挫折。

大家應留意無法保持專注時，其中存在著阻撓專注的因素，我將此稱之爲「專注阻撓因素」（concentration inhibitor）。

給身心狀態帶來負面影響的專注阻撓因素，包括「睡眠」、「運動」、「食物」、「環境」，還有「自己的腦袋」。

比方說睡眠不足將導致專注力變差，因爲睡眠不足即屬於專注阻撓習慣。

飲酒也會導致專注力變差，因爲酒類即屬於專注阻撓飲料。

吵雜的環境會導致專注力變差，因爲噪音即屬於專注阻撓環境之一。

此外，一旦心存煩惱，便無法專心一意，因爲腦中胡思亂想會阻礙專注力。

反之，若要提升專注力，也有其先決條件，我將此稱爲「專注促進因素」（concentration activator）。睡眠、運動、食物、環境當中同時存在著提升專注力的因素，另外還能藉由控制腦部達到相同的效果。

透過本書，我想和各位聊聊我們爲何無法專注？該怎麼做才能保持專注？以及藉由專注，我們可以做到哪些事情？

如果各位因參考本書而得知激發專注力的方法，並透過專注力將人類原有的潛能一股腦兒地發揮出來，以最少的努力和體力便能盡享充實的人生，將是我最大的榮幸。

南雲吉則

習慣 1

堅信只要具備專注力就能「邁向卓越」。

目錄

第1章 善用睡眠，「專注力」將不會中斷

第2章

空腹有助專注力的提升

第3章

對「專注力」而言，食物是毒也是藥

第4章

專注力持久之人的生活小撇步

第5章

控制腦部，全神貫注

第6章 提高鬥志，全神貫注

第7章 人生全靠「專注力」才得以突破難關

第1章

善用睡眠，「專注力」將不會中斷

睡眠有三小時便相當足夠

睡眠不足是嚴重的專注阻撓因素。

不過睡得愈多，未必代表愈能提升專注力。

因為睡眠若有三小時便相當足夠。

各位知道睡眠有分兩種嗎？那就是「快速動眼睡眠」與「非快速動眼睡眠」。

「快速動眼睡眠」簡稱「REM睡眠」，其中「REM」爲rapid eye movement的縮寫，意指「眼球快速轉動」。之所以如此命名，是因爲拂曉淺眠時，眼皮下方的眼球會不斷晃動的緣故。此時試著測量腦波的話，將發現腦部活動無比熱絡，若問腦部在忙些什麼，答案即爲「記憶分類」。

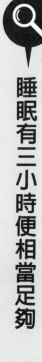

大量的訊息會透過感覺系統傳入腦中，如果全部記憶，腦部將出現異狀，於是便把訊息區分爲「重要的記憶」與「可有可無的記憶」。

所謂重要的記憶，就是維生度日不可或缺的事項，諸如家人和主管的姓名即屬此類；相對於此，藝人姓名則非屬不可或缺。一如把平常不穿的衣物收進衣櫥最裡面一般，非必要的事項往往被塵封於腦海深處。

不過任何曾被牢記之事，腦部必定保留這份記憶，不會清除，即使事過數十年，也可能因爲某個契機而再次想起。以我自身爲例，當父親過世時，我曾因父親身上的氣味，而重新喚回兒時與父親相處的記憶。

此外，平常查詢醫學資料時，我並不會爲了避免忘記而努力猛記或抄寫筆記，反而只是不經意地大略瀏覽一下。由於我確知腦部不會清除記憶，因此只要我在必要的時候回想起曾經大略瀏覽的片段訊息，並加以整合，便能建構出新的學說。

在進行這項分類作業之前，腦部必須休息，這屬於剛入睡後的深眠，稱作非快速動眼睡眠。此時腦部完全進入休眠，就算略微或無聲無息地予以搖晃也不會醒來，根本是呼呼大睡的狀態。然而非快速動眼睡眠的時間並不長，不過是短短三小時而已。

人腦一旦疲憊，就無法聚精會神，因此為了讓腦部休息，必須有三小時的非快速動眼睡眠。

而三小時後將一邊不停翻身，一邊做夢，此時腦部正劇烈地運作當中。所謂做夢，就是腦部隨機瀏覽最近的記憶，然後針對必要與否進行區分的狀態，因此必須有三小時的快速動眼睡眠。

非快速動眼睡眠三小時與快速動眼睡眠三小時，合計共六小時，這就是健康的睡眠時間。

當發生令人氣憤難耐的狀況時，不妨讓快速動眼睡眠加倍為六小時吧。亦即「鑽進棉被先睡再說」，就此將令人不悅的記憶塵封腦海深處。

不過，若無特別煩惱之事，工作也一切順利的話，光是非快速動眼睡眠的三小時便已足夠。以我個人為例，當交稿日迫近，書神翩然降臨之時，每天只要睡三小時便能繼續寫稿，絲毫不覺得疲倦。這就是所謂的「廢寢忘食」。

然而，這種非快速動眼睡眠並非任何時段都適用。白天時段就算睡著，由於交感神經讓腦部處於興奮狀態，因此無法進入深層睡眠。半夜十二點左右進入非快速動眼睡眠，最符合人體生理狀態。

最理想的睡眠時段為「晚上十點到半夜兩點」，這段時間稱為「睡眠黃金時段」。

若於這個時段進入所謂「非快速動眼睡眠」的深層睡眠，不僅能讓腦部充分休息，腦部還會分泌號稱「回春荷爾蒙」的成長激素，讓肌膚與消化道的黏膜逆齡回春。

如此一來，不但能連帶防癌，還能因內臟脂肪的燃燒，順便達到瘦身的效果。

由於黃金時段睡眠有助身體逆齡回春，因此能讓我們更加專注於工作之上。

習慣 2

半夜十二點左右的深層「非快速動眼睡眠」令人充滿年輕氣息與幹勁，進而讓專注力持之以恆。

晚餐後立刻上床就寢

話說回來，爲了擁有黃金時段睡眠，最好該於何時鑽進被窩呢？

常有人說「不宜在飯後三小時内就寢」，據說原因為「吃過飯馬上就寢會發胖」，這種說法令我會心一笑。

換言之，睡眠有利消化・吸收的觀點不就受到認同了？

既然如此，這也證明無論是吃八分飽，還是我大力推廣的「一天一餐」，都足以攝取充分的營養。

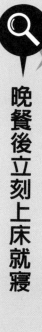

反言之，吃過飯未立刻就寢的人則會消化・吸收不良。

雖然也有人主張「吃過飯馬上就寢將不利消化・吸收」，但不是有句話說「嬰仔嬰嬰睏，一暝大一寸」？而且動物也是飽餐一頓後便馬上睡覺。之所以如此是因為入睡後副交感神經作用變強，進而有利消化．吸收。

其他有人主張「建議飯後做運動以燃燒熱量」，這完全是自殺行為。運動會刺激交感神經，何必讓一個準備鑽進被窩的人亢奮起來？吃過晚餐脹著肚子時，連馬拉松選手都不會去跑步。

另外還有人主張「由於飯後馬上躺平，胃液會倒流，因此請先看電視三小時再睡」，不過這也該避免。電視及電腦的螢幕、智慧型手機、遊戲機等所散發的光線稱為「藍光」。

由於這類光線屬於人類可見光線中波長最短，近似紫外線的光線，因此一旦受到這類光線照射，腦部的松果體將誤判其為大白天的陽光，而把生理時鐘重置為白晝模式。

基於此故，交感神經將處於亢奮狀態而導致失眠，一旦失眠，屬於回春荷爾蒙的成長激素便停止分泌。要是為了解決失眠問題而吃安眠藥，白天也會恍神發呆，無法專注於工作上。

習慣 3

晚餐後的熟睡，可成為隔天的專注力。

因此，吃過晚餐後請立刻鑽進被窩。飯後的收拾整理，以及尚未完成的工作，請一律於凌晨無人打擾的人生紅利時段慢慢處理，總之先睡一覺再說。

以我自身為例，每當享用完一天唯一一頓的晚餐後，我總是瞬間睏了起來，因此只要趁睡意尚存時鑽進被窩，才沒幾分鐘便呼呼大睡。對我而言，此時的非快速動眼睡眠正是專注力的泉源。

如果有件工作非得當天完成，則請放棄晚餐，將工作完成。

吃過晚餐後，即使一邊揉著充滿睡意的雙眼，一邊靠咖啡和香菸提神加班，也無法保持專注。

不應該加班

各位是否經常埋怨「非處理不可的工作堆積如山，卻沒時間處理」？沒錯，一天的確只有二十四小時。

以我個人爲例，早上九點到傍晚六點是我身爲醫師的看診時間。上午看門診，下午則排滿了乳癌和乳房重建的手術。此外，我固定週一去東京的診所，週二去福岡，週三去大阪，週四再去東京，週五去名古屋，週六以隔週輪替方式去札幌和上電視節目，週日則出席演講，諸如此般於全國各地來回奔波。

同時，我也經常被新書交稿期限逼得喘不過氣來。其實在醫師之中，從早埋首書桌寫作而不看診的人也很多，至於我則是得一邊應付身爲醫師的忙碌行程，一邊在他人熟睡之時提筆寫書。起初我通常等工作結束後，直接在診所辦公桌上埋頭寫作，不過馬上便遭遇挫折。每天加班的結果，導致我身心俱疲。

人類屬於日出而作，日入而息的「晝行性」動物。白天交感神經啓動爲「工作模式」，夜幕低垂後則換由副交感神經啓動爲「休息模式」。如果與此背道而馳，**晚上也持續工作的話，將導致自律神經的節奏錯亂，罹患「自律神經失調症」，這正是嚴重的專注阻撓因素**。後來即使到了晚上，我依然血壓上升、心臟狂跳、呼吸急促、口乾舌燥、心神不寧，輾轉難眠，而早上醒來後則變成血壓降低、情緒低落、恍神發呆、無法專注。

由於我總想光靠意志力與責任感鞭策自己克服這些症狀，因此身體狀況也隨之變差。畢竟那個時段的周遭人聲和電視聲響屬於阻撓因素，導致我遲遲無法專注。於是我決定完全轉念，要求自己只要工作結束，便立刻關上專注力的開關。

習慣 4

準備全神貫注前務必休息和睡覺，讓腦部處於關機模式。

外食、聚餐絕不續攤

我在某個機會發現爲了讓專注力維持於最佳狀態，安排時間關閉專注力輕鬆一下十分重要。若懂得如何巧妙地切換專注力的開關，工作效率將能更加提升。

以我個人爲例，我從早上九點開始診所的工作，爲病人看診及開刀，**而到了傍晚六點左右，我會要求自己結束所有工作，讓專注力「完全關機」**。

或許有人心中質疑「眞的能如此驟然轉換心境嗎？」我向來一下班便先脫掉白袍或手術衣，然後沖澡淋浴，接著換上便服後，便由院長身分變成「南雲吉則」私人身分。

這正巧有如上班族把領帶解開的瞬間吧？剎那間有關工作之事完全被拋出九霄

雲外，緊繃的身軀也隨之放鬆。對於腦部和身體來說，沐浴或更衣是切換專注力開關的絕佳暗號。

諸如此般啓動放鬆模式後，接著便大啖晚餐，有時我會和意氣相投的好友外出用餐，同時暢飲美酒。

然而此刻相當重要的是，爲了放鬆心情的美酒佳餚千萬不可過量，因爲「暴飲暴食」和「徹夜不眠」都是嚴重的專注阻撓因素。

若以排解壓力、恢復疲勞等爲藉口，於下班返家途中跑去暢飲到深夜以後，甚至還大啖拉麵之類的話，將會累積更多疲勞，導致身體狀況變差。通常會「過勞死」的就是這種人。

針對外食，我有一項原則，就是**「聚餐不續攤、限時兩小時、晚上十點前結束」**。和好友談天，能讓我敞開胸懷，度過無可取代的美好時光，但前提是不超過兩小時。

不過平常愈重視保健，日子過得愈養生的人，反而愈容易失控，一不小心便重回學生時期的感覺而飲酒過量、攝取有害健康的食物，有時還會破戒抽起原已戒掉的香菸。

當然他們並非一開始就全面失控，通常是隨著聚餐時間拉長、飲酒量增加，以及接二連三地續攤，最後終至陷入無法自拔的狀態。

基於此故，「聚餐不續攤、限時兩小時」爲絕不可違背的原則。此外，一旦友人顯得樂不可支，自己便遲遲無法起身離開，不過就算一直陪他們瞎混，也得不到半點好處，因爲醉言醉語往往只是同樣的內容一再反覆而已。

即使對方貴爲長輩，我也會說聲「不好意思，明天還要上班，我先回去了。」然後便起身離席。就算對方說句「再待一下何妨？」我同樣表明「因爲我一向晚上十點前就睡覺。」逕自斷然拒絕。雖然鮮少發生，但有些人仍會極力挽留。對於這樣的人，以後最好不要往來吧。

重要的是明天能以最好的身體狀況，執行最棒的工作。

習慣 5 聚餐及派對必於兩小時內結束。

既然早睡，就該早起

也有人聲稱「基於長年的習慣，晚上實在難以早睡」，他們雖然吃過晚飯便立刻鑽進被窩，但卻無法入眠。針對這種人，我在此傳授一個早睡的祕訣，那就是**為求早睡，只要早起就行了**。

雖然有人擔心睡眠時間會因此變少，但是睡眠時間未必愈長愈好。

假設一天睡十二小時的人，等同於大半人生都在睡覺。若此人生命還剩二十年，其中十年就只是躺平睡覺，然後生命就此結束。

縱然醫師通常主張「睡久一點比較長壽」，不過一直倒臥在床根本毫無意義，**睡眠應該愈短愈好**。

有關人類所需的睡眠時間，據說至少要三小時。拿破崙也是只睡三小時的短眠者，他最後稱霸歐洲。就算睡眠時間不長，只要腦部得到充分的休息便沒問題，這就等於是非快速動眼睡眠（請參照第二十頁）。至於有諸多煩惱的一般大眾，不妨再加上爲了區分記憶的快速動眼睡眠三小時，變成共睡六小時，如此一來便算剛好吧。

如果晚上十點就寢，則爲隔日凌晨四點起床，或許不少人心想這麼早起床要幹嘛？

其實這**凌晨拂曉時分，正是不受任何人打擾，可全神貫注於個人工作或讀書的「專注力黃金時段」**。

以我個人爲例說明如下。

每天凌晨三、四點左右，我通常因便意而從睡夢中醒來。

接著我打開房內的燈，並上過廁所後，便去查看電子郵件。無論是房間的燈光，還是發散自電腦的「藍光」，皆屬於刺激腦部松果體，重置生理時鐘的專注促進因素。

查看過電子郵件後，接著開始寫稿或準備演講稿。如果累了也會中途打盹約一小時休息一下，不過當感覺得心應手時，在早上九點上班前，竟有五、六小時能專心工作或讀書。

如果凌晨三點就起床，將於十四小時後的下午五點左右睏了起來。這時候只要吃個晚餐，肯定能早早入睡。

習慣
6
只要肯下工夫，任何人都能喬出得以保持專注的時間。

每天只要拜日出，便能重置生理時鐘

早起的意義並非只是「變得可以早睡」、「得以趁他人熟睡之際搶先展開工作或讀書」等。

其實**早起可打造出有利保持專注的身體狀況**，所以起床後該做些什麼好呢？

每天早上，只要屋外天色漸亮，我便會走出陽台拜日出。或許有人笑我在念什麼咒，但這正是**重置自律神經、生理時鐘和荷爾蒙的方法**。

人類屬於日出而作，日入而息的「晝行性」動物，而掌管這種生活節奏的器官就是自律神經。自律神經控管著維持生命所需的全身器官，可分爲「交感神經」與「副交感神經」。

腦部是全身的司令台。正有如飼養鵜鶘的師傅操縱著數隻鵜鶘一般，交感神經自腦部伸出，分布於數百個組織器官上。

然而要一一開啓數百個器官的開關可沒那麼容易。打個比方來說，如果回到家裡只要打開「返家模式」一個開關，便能讓照明、空調、電熱水壺、浴缸裡放熱水等全都啓動，那就太方便了。諸如此般，能讓交感神經同步啓動的物質就是「荷爾蒙」。

一旦對著日出的萬丈光芒拜拜，交感神經將隨之啓動，分泌出稱作「腎上腺素」（adrenaline）的荷爾蒙。身體經由這個反應變成「工作模式」，心跳次數及血壓雙雙上升，全身充滿力量，活力十足。此外，屬於三大慾望的食慾、性慾、睡眠慾將受到抑制，使我們得以專心工作。

這時腦部會同時分泌出號稱幸福荷爾蒙的「血清素」（serotonin），讓我們能滿懷著幸福感工作一整天。

到了晚上副交感神經啓動，名爲「乙醯膽鹼」（acetylcholine）的荷爾蒙分泌而出，身體變成「休息模式」，心跳次數和血壓雙雙下降，休息時間就此到來，食慾、性慾、睡眠慾隨之高漲。

同時，幸福荷爾蒙的血清素將轉變成睡眠荷爾蒙的「褪黑素」（melatonin），讓人得以呼呼大睡。有些人爲了對抗失眠而服用褪黑素，不過只要每天早上拜日出，根本無須服用。

因爲出國旅遊而有嚴重時差時，上述節奏將亂成一團，導致白天睏倦恍惚，晚上亢奮難眠。如此一來便成了夜行性，身體狀況往往變得糟糕透頂，這種情形稱之爲「時差失調」。

更年期障礙也是起因於女性荷爾蒙不足，讓身體的節奏大亂。

此外不肯上學時，身體也會與想去上學的念頭背道而馳，一早便倦怠到無法起床。

針對這些現代人常見的節奏失調，能有效撥亂反正的正是拜日出。

習慣 7

超早起生活可提升腦部專注力。

讓夜貓族早起的絕妙好招

若問「拜的對象非得是日出嗎？」答案當然是肯定的。

如果等到正中午才拜太陽，生理時鐘會誤把此刻當成拂曉時分而進行重置。

基於此故，這類的人將變成「夜貓賴床族」。爲了提升白天的專注力，無論如何請早睡早起！

話雖如此，夜貓族應該很難早早就寢吧？

此時不妨利用星期天的早上，進行生理時鐘的重置。

即使是平常上班上學時怎麼也早起不了的人，**要是星期天早上有令人興奮雀躍**

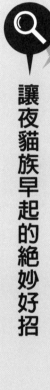

的活動，應該還是起得來吧？無論是釣魚、打高爾夫球，還是和好友一起來趟一日之旅都相當不錯。

小時候每逢遠足當天的早晨，我們總是起得比任何人都早。各位不妨如法炮製，於早晨天色未明時便起床準備出門。

動手製作便當也是不錯的主意。帶著便當玩樂一整天直到精疲力竭，傍晚回到家裡以後，洗個澡便立刻上床就寢。

如果星期天的早晨在滿心雀躍之中早起，從星期一開始的一整個禮拜，極有可能變成早睡早起。

習慣

8

於星期天早上重置生理時鐘，重新找回專注力。

其實午睡對身體無益

早上早起的話，中午就會想打瞌睡，試問午睡是專注促進因素，還是專注阻撓因素？

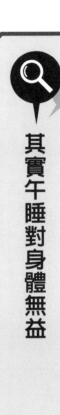

部分年齡的確需要午睡。小嬰兒別說是午睡了，他們根本是一直昏昏欲睡，不是睡覺，就是肚子餓了哇哇大哭，正所謂「醒了就吃，吃了就睡」，就此讓身體日漸成長。此外，大小便則直接排在尿布裡。

幼稚園和托兒所也會讓幼兒午睡，雖然他們不會滴漏大便，但有時則會尿褲子，因此必須讓他們穿上「戒尿布訓練褲」。上小學後不僅沒有午睡時間，小學生也會自己上廁所。

一旦上了年紀，白天再度開始昏昏欲睡，不久後有些人還會尿褲子，最後終至得穿上尿布。

換言之，午睡的必要性和尿布的必要性實屬一致。**如果不需要尿布，則午睡也不怎麼需要**。

另外也有需要午睡的地區。比方說地中海地區，與其在艷陽高照下出賣體力勞動，不如白天炎熱的時段休息，清晨和傍晚工作，如此還比較有效率，因此當地有午休的習慣。基於此故，本地人總會在午餐時大快朵頤、暢飲一番，然後便夫婦倆一起就寢。午睡期間絕不能發出任何聲響。

相對於此，寒冷地區則是利用白天溫暖的時段進行工作，因此午餐吃得十分簡單，而且也沒有午睡的習慣。

地中海地區的上班族，由於往往花費很長的時間從郊外通勤，因此漸漸變得難以返家午睡。既然如此，他們便改爲延後上班並提早下班，當做沒有午睡的替代方案。

據說日本也有實施午睡的公司，不過**午睡一旦超過十五分鐘，將導致生理時鐘大亂，晚上反而變成失眠**。**針對必須保持專注力的人，實在不建議他們午睡**。

然而，有時候怎麼也擋不住睡意，此時若躺平睡著，就完全變成非快速動眼睡眠，被叫醒時，腦袋將有些恍惚呆滯。因此我絕不讓自己躺下，**而是以趴在書桌上的姿勢小睡五分鐘**。

如此一來，生理時鐘便不會受到影響，還能讓腦部得到休息。

習慣 9

午睡時間太長，腦袋將恍惚呆滯。
藉由「打盹五分鐘」讓腦部清醒吧。

假日賴在床上睡懶覺 有百害而無一利

有些人因爲平日總是熬到半夜才睡，於是星期六、日便一直「賴在床上睡懶覺」。

他們似乎認爲只要星期六、日睡飽一點，備妥「睡眠存款」，就能彌補平時的睡眠不足。

但其實睡眠債的清還並非那麼容易。

如同前文所述，在睡眠的過程中，腦部處於休息狀態的期間，只有剛入睡的三小時非快速動眼睡眠之時。

雖然賴在床上睡懶覺的時候會昏昏沉沉地一直做夢，但此時腦部正爲了進行記憶的整理而運作得十分猛烈，因此就算賴在床上睡得再久，也無法消除疲勞。

此外，人體還會藉由步行時小腿肌肉的壓迫作用，讓舊血回流心臟。一旦長時間臥床，舊血將變濃稠而滯留於腿部靜脈內，結果全身的倦怠感反而更趨強烈。

而且，我們體內的細胞附帶生理時鐘，基本上被設定為於晨光中醒來，在黑夜裡入眠的循環模式。

配合這個循環，腦內會分泌引發睡意的荷爾蒙「褪黑素」，以及讓人清醒的荷爾蒙「血清素」，因此為求擁有優質的睡眠，並能清爽舒暢地起床，於晨光中醒來，在黑夜裡入眠為最有益健康的作息。倘若以假日為由，反其道而行地一直睡到中午，到了晚上將變得輾轉難眠。

如果一倒頭便呼呼大睡，腦部將分泌出屬於回春荷爾蒙的成長激素，為我們修復因壓力受損的組織。

不過，要是因為賴在床上睡懶覺而致徹夜不眠，將使得成長激素的分泌變少、細胞的修復不利、細胞老化、身體狀況變差，甚至變得容易生病。

過度相信只要星期六、日賴在床上睡懶覺就沒問題的人，務必當心專注力恐因賴在床上睡懶覺而變差。

習慣

10

要是賴在床上睡懶覺，將導致專注力變差、老化加速，甚至變得容易生病。

第2章

空腹有助專注力的提升

如果希望下午開會能保持專注，就別吃午餐

大部分的人都是九點上班，十二點午休。明明才專心工作三小時，卻被午休打斷專注力，然後下午還得從一點工作到六點左右，苦撐長達五小時。

而且中午十二點時就算不餓也仍會吃午餐。並不是因爲處於飢餓狀態，必須趕緊補充能量而吃午餐，只是因爲時值正午才吃。無論是從營養學觀點，還是醫學觀點，這樣的作息都毫無理論依據。

古時候的農夫總是日出而做。一接近中午時刻，太太會送午餐來，然後就在田埂上一邊休息，一邊享用午餐。此外，專業師傅也是從天色微亮時便上工，然後於中午收工吃午餐。在日本，這樣的工作被稱爲「朝飯前」。

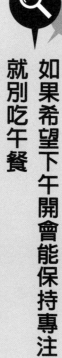

由於一早便展開工作，所以必須吃午餐。現今日本的上班時間爲偏晚的九點以後，而工作內容也只是文書處理而已，儘管如此，依然一到十二點便吃午餐，如此顯然營養過剩。

如果我是上班族，我將搭乘早上六點多空蕩蕩的電車，從七點出頭便開始工作，由於我不需要午休，所以打算下午兩三點就下班。畢竟一旦配合他人的步調，我將無法專心工作。

而且無論是定食店的餐點，還是便利商店的便當，我都是選擇訴求重質不重量，以醣類爲主體的餐點。大快朵頤這樣一餐後，我隨即昏昏欲睡了起來。

原因是副交感神經爲了消化・吸收而啓動所致。

此外，有時會看到一些人爲了驅趕睡意，而一直站在公司門口抽了好幾支菸，或在會議中喝下數杯又濃又黑的咖啡，這些對身體都很不好。

午餐是嚴重的專注阻撓因素，凡是吃過午餐便想打瞌睡的人，不妨別吃午餐吧。

過去我還是値班醫師時，我也曾大啖午餐。結果一到下午，雖然必須整理病歷，但卻睏到無法工作，最後只好躲到値班室裡打個小盹。畢竟下午擔任手術助手時，要是不愼打起瞌睡來，肯定會遭執刀醫師狠踹一腳。

打從我自己開業以後，我減少了午餐的份量，不過依然覺得很睏，即使最後減量到只吃一顆御飯糰，也一樣想打瞌睡。醫師爲各位重要的家人進行手術時，能打瞌睡嗎？想必大家都無法接受吧？

此外各位搭乘深夜時段的客運時，如果司機在休息站大啖蓋飯和冰淇淋，結果開車時顯得昏昏欲睡，這樣也無所謂嗎？應該行不通吧？

必須專注於重要工作之時，請不要進食。

下午有重要的會議，必須進行相關準備時，不妨向主管請示：「我願意放棄午休以進行會議的準備，因此能否容我提早一小時下班？」

要是主管反問：「提早下班後，你要做什麼？」不妨理直氣壯地答道：「我每天都很早就寢，然後從凌晨開始自修五、六小時。」

如果主管又說：「根據勞基法規定，你必須午休。」那就請你利用午休時間散步、聽音樂、做伸展操、閱讀等，讓自己煥然一新。

萬一基於應酬、交際，而非得吃便當或午餐時，不妨只吃配菜，至於白飯和甜點則保持原封不動。

此外，當感到嘴饞時，**請購買便利商店所賣的零食解饞，但烤米菓除外**。比方說核果類、豆類、肉乾、小魚乾、魷魚絲、起司等。換言之，可以準備低糖且蛋白質豐富的零食來享用。

如此一來，便不用再爲下午的睡意煩惱，可專注於工作或讀書之上。

習慣 11

午餐的白飯和甜點為導致下午精神不濟的大忌。

必要時，可選擇不吃早餐

舉凡準備早餐的時間、享用早餐的時間、收拾早餐的時間，這些全是多餘浪費的時間。若爲自己動手處理，就算相當熟練，也得花上一小時。接著再悠閒地喝個咖啡的話，則共花掉一個半小時。要是再打開電視來看，勢必得花兩小時以上。

如果有這麼多時間的話，不如去做做伸展操。

你閱讀本書，不就是因爲想要專注於工作上嗎？

首先請用手捏捏看自己的下腹部，是否囤積著多餘的脂肪？

地球上的生物無法確定何時能攝取到食物，因此往往不會立刻消耗目前吃下肚的食物，而是姑且先轉化爲脂肪儲存體內，當成能量的來源加以運用。

今日的能量來源並非燃燒目前胃裡的食物。昨天攝取的食物經過一晚的消化．吸收後，部分轉化為肌肉中的肝醣（glycogen），剩下的部分則幾乎全變爲脂肪，成爲今日的能量來源。飯前不先消耗一下這些能量，怎麼說得過去呢？

而且昨天有沒有吃太多了？或許有人感到胃脹且胸口灼熱吧？這顯然是因爲消化不良，搞不好昨天吃下肚的拉麵還保持原狀地留在胃裡，務必讓你重要的腸胃獲得充分的休息才是。

請多花點時間讓身體進行消化．吸收，將胃裡的食物徹底清空；請讓受損的腸胃黏膜得以復原；請讓肝臟分解排出體內的毒素；請燃燒多餘的脂肪。爲了如此……

昨天吃太多的人、黃湯下肚的人，請不要吃早餐。

習慣 12

不要勉強吃早餐。如果前晚暴飲暴食，隔天可不吃早餐。

「人腦只能消耗醣類」實為天大的謊言！

「飢腸轆轆便沒辦法打仗。」

大家對於這句諺語有所誤解。通常上了戰場若因煮飯而炊煙裊裊，自身所在將會暴露給敵軍知道。

所以這句話的意思是「上戰場後就不能吃飯，因此務必於出征前填飽肚子，多囤積些內臟脂肪」。換言之，處於工作模式時應刻意不進食，以燃燒內臟脂肪，此爲最佳專注促進因素。

「人腦只能消耗醣類」。這句話實在是天大的謊言。腦部的確會消耗醣類，但同樣也會消耗由脂肪形成的「酮體」（ketone body）。

飽腹之時能湧現任何不錯的靈感嗎？腦中應該一片渾沌壅塞吧？因爲吃太飽正是專注阻撓因素。

「疲憊時想吃甜食」，這顯然是「糖上癮」。累了就想抽菸、喝咖啡、喝酒，或想大啖添加了大量化學調味料的餅乾零食，這些全都屬於「上癮」，亦即物質依賴。

這些會引人上癮的食物無法提升你的專注力。

它們反而會讓你陷入「永遠不能戒除的狀態」，無法浮現令人滿意的靈感。

請以空腹狀態專心工作。

習慣 13

空腹時正得以提升專注力。

一早就喝水的誤解

「由於人體的百分之六十爲水分，因此必須隨時補充水分。」

「一天只要喝兩公升的水，血液便十分清澈。」

這兩句話也是天大的謊言。

早上起床後，請對著鏡子瞧瞧自己的臉龐，是否顯得又腫又脹？

地球上的生物無法確定何時能攝取到水分，因此具有將喝下的水儲存體內的能力。人體中的水分，包括存在於細胞中的「細胞內液」，以及存在於血管中的「血液」。如果基於水分補充的多寡，就能導致細胞膨脹或萎縮，細胞早就壞死了；此外，若能因此影響血液或增或減，血壓或高或低的話，我們根本無法存活。

無論是水分過多，還是有脫水情形，細胞內液和血壓均能保持恆定狀態。

老年人常有頻尿的傾向。男性頻尿通常起因於攝護腺肥大或膀胱緊繃，女性頻尿則是因爲陰道乾燥的乾燥性陰道炎引發了膀胱炎，或是起因於膀胱緊繃和骨盤肌肉鬆弛。儘管如此，依然經常看到一些堅信一天得喝水兩公升，外出時猛喝寶特瓶的水，然後又倉皇失措地不停找廁所的老人家。

話說回來，究竟該如何判斷水分屬於過多，還是不足呢？

通常過多的水分會儲存於位在細胞和血管之間的「基質細胞」中。蓄積於此的水分稱爲「水腫」，一旦水腫情況嚴重，將引發「手腳冰冷」問題。**早上起床後若臉龐浮腫，就是體內水分過多使然**。

另一種判斷是否水分過多或有無脫水現象的方法，即爲「唾液分泌有無」。早上起床後嚼顆口香糖，如果唾液不停流出，則無須喝茶或咖啡。若有那種閒工夫，不如專心工作。

習慣 **14**

早晨只要臉龐浮腫，或有唾液分泌，便無須刻意喝水。

茶和咖啡屬於「生物鹼」之毒

我不建議喝茶和咖啡的另一個原因，是因爲它們屬於麻藥的一種。

植物爲了避免被草食性動物吃下肚，體內含有「生物鹼」（alkaloid）。吃到生物鹼的草食性動物往往會頭暈、嘔吐或腹瀉，結果變成對該種植物興趣缺缺，再也不肯吃下肚，如此一來，植物便能躲過草食性動物的掠食。

生物鹼中最具代表性的就是含於罌粟果實中的海洛英（heroin）和古柯葉中的古柯鹼（cocaine）。此外菸草中也含有同於這類麻藥的生物鹼「尼古丁」（nicotine），因此若吸入大量尼古丁，將導致急性尼古丁中毒，深受嘔吐與腹瀉之苦。

然而糟糕的是，生物鹼的特徵爲當少量攝取時，將可獲得同於吸食痲藥的歡愉感。抽菸後之所以感到通體舒暢，正是因此之故。結果不知不覺中漸漸變成尼古丁上癮，抽菸量與日俱增，而且若打算戒菸，將出現反應激烈的「戒斷症狀」。

含於咖啡豆和茶葉中的「咖啡因」（caffeine）也屬於生物鹼。凡是早上沒喝咖啡或茶便清醒不了的人，已變成咖啡因上癮了。這些上癮者總想靠咖啡因或尼古丁一掃疲憊或睡意，但所得的效果卻只是一時，不久後更強烈的疲憊感和睡意將隨之來襲。

咖啡業者宣稱每天喝咖啡四到六杯的人，子宮癌的發病率可減少百分之二十五，攝護腺癌的發病率可減少百分之十八，同時也能減少膽結石、大腸癌的發病率，意圖增加大眾依賴咖啡的程度。

不過，這種說法剛好證明了屬於性激素與膽汁原料的膽固醇（cholesterol）會受咖啡影響，出現分泌或再吸收的障礙。對於人體來說，膽固醇爲絕不可或缺的營養素，目前已得知若血中膽固醇濃度降低，將導致壽命減短，因此隨便道聽塗說也太危險了吧？

習慣

15 依賴尼古丁、咖啡因的專注力無法持久。

前幾天正巧有則報導提到某位二十多歲的男性因咖啡因攝取過量而過世。

如果實在無法戒掉咖啡，請嚴守「一天一杯，下午三點前飲用」的原則。除此之外，不妨飲用「牛蒡茶」（請參照第九十二頁），當中未含咖啡因和單寧（tannin），回春的效果也相當不錯。

號稱只要攝取尼古丁、咖啡因便能全神貫注之人，顯然為尼古丁、咖啡因上癮，一旦缺乏它們將無法專心，而且能保持專注的時間極短，沒多久就會因戒斷症狀而顯得焦慮不安。香菸和咖啡實在是嚴重的專注阻撓因素。

即使飢腸轆轆也不要馬上進食

如果我前晚暴飲暴食，隔天便不吃早餐；下午若要進行重大手術，則連午餐也不吃。

每當感覺嘴饞時，我總會去便利商店買些零食解饞，或是把水果連皮吃下，結果**到了傍晚，肚子便開始咕嚕作響，這表示飢餓程度已達巔峰**。

大家普遍相信只要攝取大量營養便可身強體壯，因此即使肚子不餓也依然進食。然而飲食過量將造成身體老化及肥胖，結果反而導致壽命縮短。

眞的需要進食時，身體會主動提醒。只要肚子發出咕嚕聲響再吃就行了，但切勿立刻進食，請耐住性子等待肚子咕嚕叫三次。爲什麼得等待三次，有其道理所在。

第一次咕嚕作響時，身體分泌出號稱「回春荷爾蒙」的成長激素，讓皮膚與黏膜回春，藉此不僅能美白肌膚，還能除去長在黏膜上的息肉。

第二次咕嚕作響時，別稱「回春基因」的沉默調節蛋白（sirtuin）基因將呈現活性化，促使基因回春，進而能預防起因於基因異常的疾病。

第三次咕嚕作響時，號稱「長壽荷爾蒙」的脂連蛋白（adiponectin）由脂肪分泌而出，促進血管回春，可預防動脈硬化造成的心臟病、腦中風。

諸如此般，當飢腸轆轆時，正代表我們的身體啓動了生命力的開關。地球上的動物往往與飢餓奮戰到底，因飢餓而體衰力竭的生物將完全滅絕。因此空腹時，正能激發我們的力量。

習慣 16

飢腸轆轆之時正是專注力的黃金時段。

試著體驗一次「廢寢忘食」吧！

形容沉迷於進行某事之時的狀態，可說成「廢寢忘食」。

如今回想起來，每逢人生的重要關頭，我總是全神貫注到廢寢忘食。舉凡大學入學考試、醫師國家考試、診所開業等，我深刻地感受到**每當我廢寢忘食地專注於某事之時，人生總能前途大開**。

如今我除了每天看診，還要應付接二連三的演講邀約與雜誌採訪。這時如果書籍的交稿日迫近，心裡便會忐忑不安。

我很擔心自己會不會因體力已達極限而操壞了身體？會不會精神壓力太大而變得憂鬱？

儘管如此，交稿期限依然日漸逼近，因此最後只好留在工作場所不停趕稿。由於無暇吃晚餐，所以我會吃一些零食。原本留在公司加班的同仁一一返家，沒過多久，寬敞的辦公室裡就獨剩我一人。如果因白天累積的疲勞而充滿睏意，我便在窄小的沙發上打個小盹，大約睡三小時醒來，這時已是半夜十二點。接著只要再度坐到電腦前開始工作，便能神清氣爽地專心寫稿。

一旦空腹感或疲倦感等雜念消失無蹤，寫起稿來感觸敏銳，原本絞盡腦汁才能寫出的文章宛如潰堤般地傾瀉而出，這股靈感我稱爲「書神」。

有些人玩起電玩或打起麻將便沉迷到「廢寢忘食」，但這單純只是被誘人上癮的遊戲所迷惑，並非內心專注使然。所謂眞正的專注，是指連這類的遊戲都無法誘惑自己的狀態。

習慣

17

廢寢忘食之時，正是「專注力達到顚峰」的狀態。

第3章

對「專注力」而言，食物是毒也是藥

當感到身體微恙時，你能專注於工作或讀書上嗎？

感冒發燒時自然不在話下，若因花粉症而流鼻水且全身發熱之時呢？

因食物中毒而腹瀉嘔吐時自然不在話下，若是經痛劇烈之時呢？

偏頭痛時自然不在話下，若感覺腰痛或肩膀僵硬之時呢？

發生上述症狀之時，應該無法保持專注吧？

如果有些食物會導致身體不適，同樣有些食物則可帶來莫大的改善。

尤其屬於誘人上癮的食物成分「尼古丁」、「咖啡因」、「酒精」、「精製糖」、「化學調味料」等，全都具有專注阻撓因素。

此外，由於油脂爲腦部及荷爾蒙的原料，可引發或抑制發炎，因此萬一攝取「壞油」，將導致腦部停止運作、因荷爾蒙分泌減少而顯得意興闌珊、身體因發炎而倦怠無力。

本章將針對專注阻撓食物與專注促進食物進行彙總說明。

引發腦部發炎的「油脂」相當危險

「發炎四大徵兆」為紅、腫、熱、痛，這些情況常見於各種疾病當中。

花粉症、氣喘、異位性皮膚炎、蕁麻疹等的過敏症也屬於發炎；風濕、膝蓋及腰部疼痛也屬於發炎；胃潰瘍和腸炎也屬於發炎；癌症、腦中風、心臟病等也都是發炎引起。此外就廣義來說，憂鬱症也可謂腦部發炎。

導致上述發炎情形的直接、間接因素均爲omega-6的油脂。何謂omega-6或omega-3，各位應該不甚了解吧？在此針對「油脂」簡單說明如下。

石頭和沙子的成分相同，不過結構卻有所差異。石頭爲結構堅固的固體，這種狀態稱爲「結構飽和」；相對於此，沙子的結構鬆散，屬於流體，這種狀態則稱爲

「結構不飽和」。

動物的油脂屬於結構飽和的固體，一般寫為「脂肪」，此即「飽和脂肪酸」。魚類及多數植物的油脂則屬於結構不飽和的液體，一般寫為「油」，此即「不飽和脂肪酸」。既然結構不飽和，表示氧容易滲入其中，因此易於氧化。

油分子長如鎖鏈狀，由開端算起第三節以後不飽和者稱為omega-3；第六節以後不飽和者稱為omega-6；第九節以後不飽和者稱為omega-9。**數字愈小，不飽和的程度愈高，因此愈容易氧化，不易凝固**。

熱帶地區的植物和高體溫動物所含油脂為飽和脂肪酸，不僅遇熱不易氧化，平常會因氣溫或體溫而溶解，游移於導管或血管之中。

溫帶地區的植物所含油脂為omega-9。地中海地區的橄欖油比飽和脂肪酸更不易凝固，且更易於氧化。

涼爽地區的植物所含油脂為omega-6，不易凝固且易於氧化。

寒帶地區的植物和棲息水中魚類所含油脂為omega-3，最不易凝固，且最容易氧化。上述各種脂肪酸中，omega-6和omega-3無法於人體內合成，因此屬於必須由食物中攝取的必需脂肪酸。

omega-6脂肪酸即所謂「亞麻油酸」（linoleic acid），在人體內會變成「花生四烯酸」（arachidonic acid），當發生感染時可藉由「發炎反應」保護人體，當受傷時則可藉由血液的「凝血反應」保護人體。然而，由於現今人們鮮少感染或受傷，因此多餘的花生四烯酸便於全身上下引起發炎或造成血管阻塞，讓各類疾病發作。

相對於此，omega-3脂肪酸即爲「次亞麻油酸」（α-linolenic acid），在人體內會變成「ＥＰＡ」（二十碳五烯酸，eicosapentaenoic acid），透過「抗發炎反應」及「抗凝血反應」，達到和花生四烯酸相反的效果。

如此一來，大家應該明白爲了抑制身體發炎並提升專注力，怎麼做才是上上之策了吧？**就是要少吃omega-6，並攝取omega-3為佳**。

習慣 18

自知所吃「油脂」種類，足以左右身體機能。

切勿食用沙拉油和沙拉醬

話說回來，在全身上下引起發炎的超級壞油omega-6，究竟是什麼油呢？

答案竟然是「沙拉油」！

沙拉油的說法爲大正十三年（西元一九二四年）引進食用沙拉的習慣時，日本自創的品名。根據ＪＡＳ規格（日本農林規格，Japanese Agricultural Standards，日本政府爲農業所制定的審查規範基準），沙拉油原料包括菜籽、棉籽、大豆、芝麻、紅花籽、向日葵、玉米、米、葡萄籽等九種，每一種都是各位平常隨手可得的油品。其實**早上醒來感覺倦怠無力、全身發熱、頭腦呆滯無法思考的元凶，就是這種沙拉油**。

而且顧名思義，所謂沙拉油，就是爲了澆淋於冷盤沙拉上所製成的油品，並非用來烹調熱食。假設使用這種沙拉油烹製炸蝦或炸豬排等油炸料理，有不少家庭會將鍋裡的剩油倒進「濾油壺」保存，以備下次油炸食物時使用。據說只要以濾網撈除其中雜質，讓色澤接近透明的話，便可一再重複使用。

然而，由於沙拉油耐熱性差，容易氧化，因此會轉變成讓我們身體老化的「過氧化脂質」。

請大家切勿忘記，若將原本就對身體無益的沙拉油加熱，而且重複使用，沙拉油將成爲對人體細胞張牙舞爪的劇毒。

另一種危險的油脂就是反式脂肪酸。

這是透過人工方式，利用氫把屬於不飽和脂肪酸的植物油變成飽和而得的「飽和脂肪酸」，以取代價格昂貴的奶油。由於反式脂肪酸在室溫下會如奶油一般凝固，以此製作餅乾的話，口感將十分清脆，因此反式脂肪酸往往被用於「人造奶油」（margarine）、「酥油」（shortening）、「油脂塗醬」（fat spread）等各類加工食品中。

油脂本來就是生鮮品，如同奶油置於室溫中會腐壞一般，油脂在室溫下腐壞完全合乎常理。

不過，一般家庭常備的沙拉油和人造奶油，即使一直放在室溫中，也不會發臭或變色，甚至連螞蟻都沒湊過來。

究竟原因何在呢？這是因爲螞蟻和細菌無法辨識沙拉油及人造奶油屬於食物。由植物榨取油脂以製造沙拉油時，會加入名爲「己烷」（hexane）的揮發性油類一起攪拌，然後只萃取出油的部分。而且，原本含於植物中的維生素、礦物質、多酚等營養素皆被剔除，製造出猶如燈油般的工業用油，因此不會腐壞。

反式脂肪酸也屬於工業製油，所以不會腐壞。

攝取這類壞油後，隔天將感到身體癱軟沉重，腦袋運作停擺。這是**因為腦細胞和身體細胞被壞油取代，以至於雙雙失靈**。

我頗不習慣到不熟悉的餐廳外食，正是因爲不想吃到有害身體的油品。一旦在外用餐，根本無法一一調查店家究竟採用什麼樣的炸油，搞不好是已經重複使用一年多的沙拉油；即使不點油炸餐點，說不定用來炒菜的油，也是用了很久，而且已經氧化的油；就算菜單上寫的是炒奶油，所用的奶油也有可能加了人造奶油；此外，沙拉醬更是壞油和化學調味料的結晶。只要出門外食，就有吃到這類壞油的風險。

那麼該如何處理爲佳呢？

首先請立刻丟棄家裡的沙拉油和沙拉醬。沙拉醬中除了omega-6之外，還添加了化學調味料及精製糖，可說是瘋狂的食材，這些都是嚴重的專注阻撓因素。

此外，**請勿購買包裝上標示有人造奶油或酥油的加工食品**。

習慣

19

人造奶油、回鍋油都會造成腦部中毒。

白紫蘇油、亞麻仁油有助提升腦力與精力

話說回來，所謂好油是什麼樣的油呢？

過去我們被灌輸的觀念爲動物性脂肪是引發心肌梗塞的原因，所以應少吃一些，相對則可多加攝取植物性脂肪。此外，超市所賣的牛奶和優格也不乏標榜零脂肪的商品。不過到了二〇一五年，日本動脈硬化協會已認同無須全面限制飲食的觀點，因此食用再多奶油、雞蛋和肉類都沒關係。

反之，就算被告知沙拉油和反式脂肪酸相當危險，但它們早已充斥世間，縱使現在立刻著手開發替代產品、改變工廠生產線、向顧客宣傳推廣，恐怕得花費十年才能讓這類壞油完全消失無蹤。

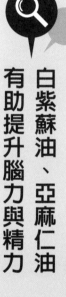

主要「油脂」種類

「脂肪」 飽和脂肪酸	溫帶地區的植物所含油脂	椰子油等
	高體溫動物所含油脂	奶油、豬油

「油」 不飽和脂肪酸	溫帶地區的植物所含油脂	omega-9	橄欖油等
	涼爽地區的植物所含油脂	omega-6	沙拉油等
	寒帶地區的植物和 棲息水中魚類所含油脂	omega-3	白紫蘇油、 亞麻仁油、 青背魚油等

所以接下來我們只能設法自保，隨時留意避免攝取壞油，同時積極攝取好油。

那麼哪些油才是好油呢？

雖然各位通常使用沙拉油來油炸・炒菜，不過沙拉油是耐熱性較差的油品。**烹調高溫料理時，請使用熱帶地區的植物油，或是高體溫動物的脂肪**。比方說熱帶原產的椰子油，或是原料爲恆溫動物的奶油、豬油等。除此之外，椰子油具有改善失智症的效果，因此能提升老年人的專注力。

此外，諸如沙拉等**冷盤料理，則應使用寒帶地區的植物油，比方說內**

含omega-3脂肪酸的白紫蘇油、亞麻仁油。

屬於omega-3的EPA具有抑制發炎、讓血液變清澈的功能。此外，同屬omega-3的DHA（二十二碳六烯酸，docosahexenoic acid）則是腦、視網膜和精液的原料，因此最適合用來讓正值發育期的孩子提高學習能力。想當然耳，DHA也有助於老年人提升腦力、視力、精力。基於此故，**凡是攝取到omega-3脂肪酸的隔天，往往不會感覺身體倦怠或發熱，進而能提升專注力**。

自一九八〇年代起，歐美國家便針對日本兒童智能指數較高的原因，可能與他們經常攝取富含DHA與EPA的青背魚相關，進行種種研究，最後各項結果都證實了腦部的功能和omega-3脂肪酸的確關係密切。讓憂鬱症的病患攝取omega-3脂肪酸後，憂鬱症狀明顯得到改善。在動物實驗中，和omega-3脂肪酸足夠的老鼠相比，據說缺乏omega-3脂肪酸的老鼠顯然可見專注力變差、學習能力低落、躁動不安等種種變化。

改善腦部功能的機制，即爲只要包覆腦細胞的細胞膜當中含有大量omega-3脂肪酸，將可讓細胞膜具有彈性，進而提高腦細胞的機能，也就是傳遞各種訊息的能力。此外，目前已經證實有了omega-3脂肪酸，腦細胞間的訊息便可順利傳遞。換言之，omega-3脂肪酸不僅能讓每個腦細胞順利運作，還能讓多個腦細胞彼此串連運作時，也能順利傳遞訊息。

由於人體內部可合成醣類，因此醣類不屬於必需營養素，但因爲人體內部無法合成omega-3脂肪酸，所以omega-3脂肪酸爲務必由食物充分攝取的必需營養素。

習慣 20 以白紫蘇油、亞麻仁油等 omega-3 油品提升腦力。

早晨以油洗臉、漱口，可消除口臭

近來日本人的餐飲，變得吃肉比吃魚還多，因此omega-3脂肪酸顯得特別缺乏。

而且omega-3脂肪酸容易氧化且耐熱性差，因此並不適合用來油炸或炒菜。如果拿來當作沙拉醬淋在食物上，或是把青背魚做成生魚片或烤來吃，當然都是不錯的攝取方式，但若想每天確實補充，應該怎麼做才好呢？

在此爲各位介紹我苦思而得的攝取方法。

早上起床後，往往臉上沾有眼屎，而且感覺嘴裡有點黏吧？這些眼屎、菸垢是什麼樣的物質呢？

其實是一種可溶於油脂的「脂溶性汙垢」，而非可溶於水的「水溶性汙垢」。

衣服上的泥漬可自己在家裡清洗，因爲用水洗就能洗乾淨。不過如果要清洗襯衫衣領上的黃色汗漬，則是用再多水也洗不乾淨，因此只好拿去送洗。「乾洗技術」發明於十九世紀中期的法國，當時一名染色師傅喬利（Jean-Baptiste Jolly）將燈油打翻於桌布上，結果桌布花紋瞬間消失，因此有了這項發明。換句話說，用水不易洗乾淨的油汙，可溶於油劑中清洗乾淨。

洗臉洗再久，也洗不乾淨眼屎和阻塞於毛細孔中的油脂；刷牙刷再久，也刷不乾淨牙齒上的菸垢、茶漬。

順帶一提，早上起床後之所以感覺嘴裡有點黏，而且滿嘴口臭，都是壞菌使然。爲了不被水或唾液沖洗掉，這些壞菌會如納豆菌一般產生黏糊糊的黏液自保，因此無論刷牙刷再久，漱口漱再久，都無法根治口臭與牙周病。

若問該怎麼辦才好，**其實只要以油按摩臉部及漱口就行了**，而且最好採用可抑制皮膚和牙齦發炎的油，那就是目前引爆話題的omega-3油品。具體列舉包括白紫蘇油、亞麻仁油、星果藤油等。

早上起床後，請將油倒在掌心中。一杯爲五公克，因此將兩杯共十公克的油含在嘴裡漱漱口。如此一來，將可清除菸垢與黃漬、美白牙齒、清除壞菌、改善口臭與牙周病，同時請吞下口中的油以免浪費。至於殘留在掌心的油，則用來按摩臉龐，這樣不僅能清除眼屎和阻塞於毛細孔中的油垢，還能緊緻臉龐。請讓身旁的人摸摸看自己的臉頰，將發現猶如嬰兒肌膚般輕彈細嫩唷。

除此之外，各位知道這種**omega-3**的油品在人體內會變成什麼嗎？就是ＥＰＡ和ＤＨＡ。如前文所述，ＥＰＡ具有「抗發炎反應」與「抗凝血反應」，可預防過敏、動脈硬化、癌症及憂鬱症；至於ＤＨＡ則是「腦」、「視網膜」、「精液」的原料。隨著年齡的增長，「眼睛、牙齒、性器官、腦部」將依序退化，若以**omega-3**油品漱口，將可改善上述所有的老化現象。

一早便神清氣爽的話，就能專注於工作之上。

習慣 **21**

早上洗臉・漱口就用 omega-3 油品！
精力也隨之充沛，全身清爽舒暢。

喝酒則淺酌等級高的酒

雖然血液會運送氧和營養，但有時也會連黴菌等外敵一併運送，要是黴菌侵入腦部，生命將被終結。爲了只讓限定的物質進入腦內，有個稱爲「血腦障壁」（blood brain barrier）的屏障存在於腦中。

能輕易通過這道關卡，導致腦部麻痺的就是酒精。

當工作告一段落時，總想要小酌一杯吧？一口喝下冰涼啤酒的潤喉感與舒暢感，實在太令人過癮了。

不過就這麼一杯，專注力便立刻中斷，因爲酒精正是嚴重的專注阻撓因素。

只需一分鐘，酒精便能直達腦部，麻痺腦細胞。

通常，食物會被運送至小腸，經消化液分解後，再由小腸吸收，但酒精則是任何部位皆能吸收。光是含在嘴裡，便會被口中的黏膜吸收；塗在皮膚上，也會被皮膚吸收。因此，只是把日本酒倒入浴缸來泡澡，不勝酒力的人將會酒醉。

每當完成平常的業務，然後對著書桌坐下準備寫稿時，我也會不禁伸手拿罐啤酒小酌一杯，不過由於我酒量很差，所以專注力完全中斷。

有道是「酒爲百藥之長」，曾有人問我：「爲了健康，一天喝多少酒比較好？」在此公布答案如下：

「最好不要喝酒。」

有些人明明不勝酒力，卻還一邊紅著臉，一邊勉強狂飲，這簡直是自殺行爲。酒的毒性會累積，一生喝了多少酒，就會造成多大的傷害。

若將飲酒安全限量（上限值）換算成酒精量，則男性爲五百公斤，女性爲兩百五十公斤。或許有人心想男女肝臟大小又沒差多少，但這是因女性爲了懷孕時不致危害腹中胎兒，所以對於毒物的反應較爲敏感。

如果日本酒四合瓶爲七百二十毫升（「合」爲日制容量單位，一合約等於零點一八公升），酒精濃度百分之十四的話，一瓶則含酒精一百公克。

如果葡萄酒一瓶爲七百五十毫升，酒精濃度百分之十三的話，一瓶的酒精含量也是一百公克。

此外，中瓶啤酒爲五百毫升，酒精濃度百分之五，因此四瓶的酒精含量則爲一百公克。

要是每天喝下酒精一百公克，一年就有三十六點五公斤下肚，如此一來，男性不到十三點七年便達安全限量，女性則不到七年，而接下來將會快速地惡化成肝炎、肝硬化、肝癌等病症。

以假設活到八十歲反推，若從二十歲開始喝酒的話，飲酒年數達六十年。將男性的酒精安全限量五百公斤除以六十年，則每年可喝下八點三公斤，換算一天約二十五公克，這相當於日本酒一合、葡萄酒四分之一瓶、中瓶啤酒一瓶的份量。或許有些人會大失所望地哀嘆「葡萄酒只能喝四分之一瓶啊」，但畢竟不是每天喝酒，對吧？只要想成每兩天能喝半瓶，每週能喝兩瓶的話，其實能喝的量應該不算太少吧？

有人自稱：「我每天都要喝一瓶葡萄酒。」

請問此人喝的是多高檔次的葡萄酒呢？沒有任何酒比便宜的葡萄酒更傷身。居酒屋提供無限暢飲的葡萄酒，充其量不過是乙醇罷了，完全稱不上是酒，毫無價值可言，只有如同老鼠尿的味道和氣味（雖然我不曾喝過或聞過老鼠尿……）。

既然要喝的話，就請飲用等級高、於原產地命名控制的葡萄酒（原產地地區的葡萄品種、種植數量、釀造過程、酒精含量等都要得到專家認證）產品，諸如法國就是AOC（Appellation d'Origine Contrôlée，法國葡萄酒最高級別），義大利即為DOCG（Denominazione di Origine Controllata e Garantita，保證法定產區，義大利葡萄酒的最高級別），而德國則是精選等級（Auslese，以成熟葡萄釀造的精美葡萄酒，採摘時未成熟的葡萄將被篩選掉，為日常消費的德國葡萄酒裡最高級別）。

我個人只喝日本酒，而且是最高級的純米酒。一瓶清酒瓶中不過裝了六勺（一百毫升，「勺」為日制容量單位，一勺約等於零點零一八公升），就要賣一千五百日圓左右。由於實在捨不得一口氣喝光，於是我總是如同舔食般地以舌尖啜飲。喝完兩瓶後，雖然很想再來一瓶，但一想到價格便立即作罷。

換言之，若爲好酒的話，少量淺酌便能感到相當舒服。

要是過量飲用劣等酒，不僅反而會情緒亢奮、難以入睡、惡夢連連、無法深眠，如果徹夜狂飲的話，可能導致睡眠時間過短，隔天也嚴重宿醉。如此一來，隔天的工作效率將變得奇差無比。

酒精完全是爲了把專注模式切換成放鬆模式的開關，因此與其講求飲酒量，不妨更講究酒的品質。

習慣 22

飲酒宜重質不重量，並勿飲酒過量。

可活用便利商店的零食

脂肪和蛋白質無法通過血腦障壁。

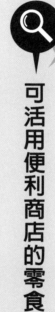

由於醣類可以通過血腦障壁，因此有一說爲「若缺乏醣類，腦部將失靈」。然而最近已證實了脂肪分解後形成的「酮體」（ketone body）也會被腦部運用。就算飢腸轆轆，腦部依然會燃燒脂肪，持續運作。

蛋白質和脂肪被攝入人體後也不會移往腦部，因此不會令人昏昏欲睡，不過糖則會給腦部帶來影響。尤其是精製過的糖會造成血糖值上升，並快速地向腦部移動。雖然腦部擁有短暫的愉悅，但隨即胰島素將使血糖值急速下降，因此感覺睏了起來。

所謂精製糖即為「白米」、「麵包」、「麵條」、「以砂糖和麵粉做成的糕點」和「馬鈴薯」等。由於這些「白色食物」不僅是肥胖的原因，還會附著於血管壁上，成為動脈硬化和老化的原因，所以被視為具有「葡萄糖毒性」。此外，因為癌細胞只能利用糖，所以也是導致罹癌的原因。

為了用功讀書到半夜的家中寶貝，大家是不是滿懷鼓勵之情，做了巨無霸飯糰，或是煮了美味拉麵、烏龍麵給他們吃呢？

若果眞如此，請立刻停止這麼做。

以醣類食物慰勞好不容易腦袋才變清晰，全神貫注地用功到深夜的孩子，簡直就是干擾行為。

雖然人腦將醣類當作能量來源，但要是暫無醣類供給，腦部會分解脂肪，並製造「酮體」做為能量來源，而此時正是廢寢忘食、全神貫注的高峰。儘管如此，由於醣類食物再次出現眼前，因此實在叫人難以抗拒，而且如果還提供了大量醣類，血糖值將猛然上升，濃濃睡意也隨之襲來。

我在半夜裡連續寫書數小時的過程中，完全不吃任何東西，因爲一旦吃起來，將無法停嘴。

雖然我總是心想「必須努力於交稿日前完成寫稿」，但腦袋卻老想偷懶。「喝瓶酒吧」、「吃個甜食吧」、「喝杯咖啡吧」、「睡覺去吧」，要是諸如此般任憑腦袋作主，將無法保持專注。

當實在覺得有些飢餓時，不妨攝取低糖零食，此即**便利超商零食區的商品，但「烤米菓」除外**。比方說「堅果類」、「豆類」、「牛肉乾」、「小魚乾」、「魷魚絲」、「起司」等，每一樣都屬於高蛋白、高脂肪且低糖。

習慣 23

白米、麵包、麵條、砂糖及麵粉會阻礙專注。

利用多酚保養身體的方法

在工作或讀書的空檔，有時會想吃水果。

如果將水果去皮吃，將只吃到糖分，不僅會發胖，血管也會老化而引發動脈硬化，還會變得昏昏欲睡，因此一點好處都沒有。然而，要是連皮吃下，將有許多比去皮吃還棒的好處。

由於蔬果的外皮是隔離外界的屏障，因此當中含有保護身體不受外界刺激的「多酚」。

雖然蘋果去皮後會氧化泛黃，但因爲有果皮存在，使得果肉不會氧化，這稱爲「抗氧化作用」。

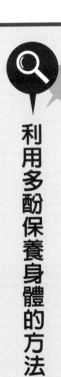

此外也多虧了果皮，黴菌和細菌才無法入侵，這就稱爲「抗菌作用」。

長在樹上的水果即使外皮受損，也會立刻長出皮來，這叫做「創傷修復作用」。

換言之，**藉由連皮攝取蔬果，將可得到「預防老化」、「預防感染」、「預防癌症及動脈硬化」的效果**。

然而各位吃蘋果時，是否都削了皮才吃？所謂「吃了一顆蘋果就不用看醫生」，是指連皮攝取之時。如果蘋果能連皮吃，梨子和柿子也能連皮吃；如果李子能連皮吃，水蜜桃和奇異果也能連皮吃；如果金桔能連皮吃，橘子也能連皮吃。諸如香蕉、鳳梨等**果皮無法下肚的水果，就千萬別吃果皮**。

胡蘿蔔和白蘿蔔是否也削了皮才吃？由於皮中含有多酚，若要削皮則請切絲炒來吃。薯類和南瓜也不妨連皮吃下，另外茄子和番茄的外皮，可是具有抗癌作用唷。

所謂飲用紅酒將不易心肌梗塞，全要歸功於含在葡萄皮中的多酚。這種多酚被稱爲「白藜蘆醇」（resveratrol），目前已知其可爲我們開啓長壽基因的開關。既然如此，就算不喝紅酒，只要連皮吃下黑葡萄就行了。

針對忙碌的人，建議早上飲用「青汁」或「嫩葉甘藍椰子汁」，兩者皆富含維生素、礦物質與多酚。

習慣 24

蔬果不妨連皮吃，藉以提升專注力。

牛蒡茶可讓專注力維持到傍晚時分

在所有的蔬果當中，多酚含量最高的是哪一種呢？

答案就是牛蒡。葡萄和蘋果若埋在土裡將會腐壞，但牛蒡卻不會，這是因爲牛蒡的生長環境相當嚴酷。種植牛蒡的泥土中含有大量細菌，而這些細菌表面的「細胞膜」，則是由膽固醇構成。

牛蒡所含的多酚稱爲「皂素」（saponin）。皂素的「皂」就是「香皂」之意，換言之，其可藉由界面活性作用，溶解細菌的細胞膜以求自保。由於這種皂素的成分同於被中藥視爲「萬能藥材」的「高麗人參」，因此具有滋養強身的效果。當必須專注於工作或讀書之時，請每天食用牛蒡。

話雖如此，每天都吃炒牛蒡挺費事的，而且還會攝取過多鹽分和油分。在此我提議飲用牛蒡茶。

作法相當簡單。

①用菜瓜布清除牛蒡上的泥土，無須削皮。

②以削皮刀刨削成薄絲，不要泡水。

③鋪開於報紙或篩盤上。

④用平底鍋乾煎。

⑤裝進茶袋，以水煮沸後飲用。

牛蒡不削皮，是因為皮含有多酚之故；刨削成薄絲後不泡水，也是因為多酚會流失於水中。酷夏時風乾兩小時以上，冬天放晴時則風乾四小時以上，然後以平底鍋乾煎，不過得慢火煎透到幾乎變焦之前才好喝。降溫後裝進塑膠袋冰入冰箱，可保存一個月。飲用時若先煮沸再加以保溫，不僅更添美味，喝剩的部分不妨倒入茶壺冰存，或是做成地瓜燒酒（鹿兒島特產，以地瓜釀成的酒）加牛蒡茶的調酒。

由於不含咖啡因，所以喝再多也不會上癮，此外也很適合孩童或受失眠所苦的成年人飲用。**請一家大小從早到晚都以牛蒡茶取代開水來飲用**。

飲用牛蒡茶後，因皂素能分解排泄腸中多餘的油脂，所以也有減肥效果唷。此外，當皂素進入血液中，也會分解排泄血管中多餘的膽固醇。據說牛蒡還有預防動脈硬化及回春的效果。牛蒡茶中含有大量稱爲「菊糖」（＝inulin）的水溶性膳食纖維，能解決便祕問題、改善腸道環境、提高免疫力、預防大腸癌、消除腳部及臉部水腫，以及將老舊廢物排出體外。

最近我常把青汁粉溶於牛蒡茶中，於早上飲用。爲了在忙碌的早晨補充水分和礦物質，最有效率且最簡單的方法，就是飲用青汁牛蒡茶。只要喝上一杯，一早將能神清氣爽地展開，就算沒吃早餐，也沒吃午餐，依然能努力撐住，讓專注力絲毫不減地直到傍晚。

習慣 25

利用牛蒡茶改善體質，提升專注力。

一旦攝取化學調味料，頭腦無法變聰明

古時候的日本人常把肉、魚醃漬在酒糟和麴當中，再加以烹調。藉由酒糟和麴裡所含發酵菌種的酵素，可把澱粉分解爲糖，蛋白質分解爲胺基酸，提引出食材的甜味與鮮味。

在印度也會以優格醃漬雞肉來烹調，這些全都稱爲「提味型調味料」。

然而到了戰後，鮮味調味料如雨後春筍般地普及於市面上。

這就是由工廠生產製造的純度百分之九十九胺基酸，正式名稱爲化學調味料。

一旦把它連同純度亦爲百分之九十九的鹽、砂糖一併加入食品中，將會「美味」到

幾乎無法嚐出食材的原味，這類稱爲「添加型調味料」。

也不知從何時開始，下廚時變得會加入「○○味素」，甚至連烹煮火鍋時，也會添加市售的「○○鍋味素」，而非使用高湯或醬油來調味。這些「味素」全都含有化學調味料，毫無例外。

由於**化學調味料屬於亢奮性的神經傳導物質**，因此一旦吃下肚，便會出現如同吸食麻藥般的歡愉感，這正是危險的依賴症已經開始的鐵證，不覺中將陷入「永遠不能戒除」的狀態。

尤其是兒童的腦部屏障尚未發育完全，因此相當容易變成化學調味料依賴症。如果基於省事而讓孩童食用零食糕點、即時食品、速食餐點的話，將來長大成人後，勢必變成老是窩在房內猛吃零食糕點的繭居族。

而且要是斷絕化學調味料的攝取，將因戒斷症狀而容易暴怒。

明知屬於有害身體的食品，卻遲遲無法停止攝取，就是因爲罹患了化學調味料依賴症。**採買食品時應先確認商品背面的成分標示，千萬不可購買寫有「調味料」（胺基酸等）的食品**。

針對化學調味料的原料「麩胺酸鈉」（monosodium glutamate），美國全面禁止用於嬰兒食品中。

此外，美國甚至還有明確標示出「NO MSG」（無味精）的餐廳。

走在街上時，常看到即使在嚴冬之中，人氣拉麵店前依然大排長龍，大家一心只想品嚐拉麵，就算得等候一兩個鐘頭也甘願。

不過，雖然同爲麵類，卻幾乎從未見過日本蕎麥麵店出現人龍的盛況，究竟原因爲何呢？

答案正是化學調味料。

一走進拉麵店，便會看到廚房裡有個大湯鍋，當中熬煮著雞骨、胡蘿蔔、洋蔥等，湯汁散發出濃郁的香味。每當點了拉麵後，我經常目睹一種光景，就是在老闆準備把湯汁舀入碗公前，他會先拿出一個塑膠容器，然後用湯匙取出一些白粉撒入碗公裡。

那正是化學調味料。就算熬煮出的湯汁再美味，要是少了化學調味料，便無法造就出大排長龍的盛況。基於此故，老闆總會刻意加入大量化學調味料，讓顧客變成物質依賴（上癮）。

我從以前只要一吃拉麵，就會心跳加速、滿臉泛紅、全身冒汗，無法把整碗麵吃光，這就是化學調味料急性中毒的症狀。

一旦習慣於攝取化學調味料，要是沒吃到將會變得焦躁不安，專注力明顯變差。

到拉麵店或中式餐館用餐時事先要求「請不要加化學調味料」，正是提升專注力的祕訣。

習慣 26

一旦停止攝取蠱惑人腦的「化學調味料」，即可提升專注力。

整頓腸道環境，實現舒眠暢便

如果每天都舒眠暢便，我們的身體機能便可視爲處於正常運作的狀態。

針對「精製糖」、「壞油」、「化學調味料」三項，我稱之爲「瘋狂食材」，因爲它們會導致身體狀況和精神狀態失常，連人生也被搞得一團糟。這些問題全反映於睡醒時的不適感，不僅感到身體倦怠無力，而且就算睡得再久，也依然覺得沒睡飽。

第一章中已說明過提升睡眠品質的方法，那麼所謂能整頓腸道環境，讓排便順暢的食物，究竟是哪些呢？

人體消化道具有「消化」和「吸收」兩大功能。屬於上消化道的胃和十二指腸負責分泌消化液以消化食物，屬於下消化道的小腸則負責吸收營養（大腸只吸收水分）。

小腸除了爲吸收營養的入口，同時也是防禦外敵入侵的屏障，基於此故，我們人體的免疫機能有八成都集中於小腸黏膜。

換言之，**只要整頓好腸道環境，不僅有助消化吸收，還可提升免疫機能**。那麼應該如何整頓腸道環境呢？

腸道中的腸內細菌生長如花田一般，通常稱此爲「腸內菌叢」（intestinal flora）。爲了整頓花田，後述三項作業缺一不可。

第一項爲「耕地」，必須耕鋤成有利益生菌繁殖的田地，而讓田地得以完成使命的則是膳食纖維。膳食纖維包括「不溶性」和「水溶性」兩種。以牛蒡爲例，會卡牙縫的纖維部分即爲不溶性膳食纖維的「木質素」（lignin），而溶於牛蒡茶中的「菊糖」（inulin）則爲水溶性膳食纖維。具體來說，**諸如薯類、牛蒡、蓮藕等「吃了會放屁」的根菜類，請各位務必大量攝取**。

第二項爲「播種」，請大量攝取益生菌。微生物爲了讓自己吸取養分，會利用酵素分解有機物，其產物若對人體有益即稱爲「發酵」，若是有害則稱爲「腐敗」。當排便或放屁的氣味很臭時，即表示有導致腐敗的「壞菌」繁殖。至於該如何分辨益生菌與壞菌呢？請牢記**「可用來拌飯食用的是益生菌，反之則為壞菌」**。

第三項爲「施肥」，請攝取可成爲益生菌飼料的營養成分，那就是「寡糖」（oligosaccharide）。由於人體的消化液無法分解寡糖，因此無法成爲我們的養分，不過益生菌卻可將其分解吸收，進而生長繁殖。

植物葉片經由光合作用可產生糖。如果就此原封不動，葉片將被以糖分爲覓食目標的草食性動物和昆蟲吃進肚裡，因此植物會將糖分轉化爲不易消化的型態，趁黑夜送往種子和果實，這就是寡糖。諸如根莖類、稻米及玉米當中即含有大量寡糖。

當專注於工作或讀書時，若要準備整頓腸道環境的餐點，其實相當費事。在此建議不妨讓冰箱裡隨時備有「小食三盒」。

所謂小食三盒即為「納豆」、「海髮菜」、「優格」。

納豆屬於發酵食品，營養價值滿點，可從中均衡地攝取到人體所需的全部營養素，而且納豆菌還能補充益生菌。

海髮菜富含維生素、礦物質、膳食纖維，不僅能整頓腸道環境，其中的褐藻素（fucoidan）還有防癌的效果。

優格也屬於發酵食品，營養價值滿點，可整頓腸道環境。

要是冰箱中的食物選項太多，光是要額外費神思考該吃什麼，就消耗了不少腦力。此外，得花時間烹調或必須裝盤的食物，相當浪費時間。由於這三樣小食無須使用餐具，而且站著就能食用，因此不會浪費太多時間。

除此之外，三道小食全爲低卡路里，在任何一家超市或便利商店幾乎都能買到，價格也很親民。如果心想「我也馬上如法炮製！」，只要方便購買、便宜又美味的話，大家都很容易著手嘗試，對吧？

習慣 27

冰箱裡隨時備有納豆、海髮菜、優格。

第4章

專注力持久之人的生活小撇步

心神專注之人善於打掃整理

每當爲了考試而打算開始讀書時，是不是很想動手整理房間？一旦打掃起來，有時最後連房間的擺設都重新更換。

針對這樣的舉動，有人認爲「這是因爲缺乏專注力使然」，也有人認爲「這是因爲想逃避讀書或工作」，但眞是如此嗎？

其實「打掃整理」爲積極進取的舉動，這和爲了逃避而沉溺於專注阻撓因素的上網追劇和飲酒，在意義上完全不同。

大家不妨放眼瞧瞧動物的社會。魚類和鳥類一旦進入繁殖期便會築巢，這是因爲要迎接母魚和母鳥在此產卵所致。由於愛巢築得愈好，愈能覓得良伴，因此公魚和公鳥總是全力以赴。

當各位**打算專注於讀書或工作時，就想要動手打掃整理的舉動，正屬於「築巢舉動」，意圖打造一個得以保持專注的環境**。

然而，要是考前還想變換房間擺設，將變得沒有時間讀書。爲了能讓自己隨時都能保持專注，不妨平時就做好周遭環境的整理整頓吧。

我向來不會疏於家中的打掃整理，因爲一旦疏於打掃，萬一碰上必須保持專注之時，就得先大掃除一番。

此外，清掃愈來愈髒的廁所和浴室，往往心生厭惡而變成極大的心理壓力。

在此傳授各位南雲式整理術的「做法」。

那就是**把打掃整理安插於日常作息中**。

打個比方來說，早上蹲馬桶時，右手便戴上拋棄式的橡膠手套。上完廁所後，你能直接丟掉這只手套嗎？應該會捨不得扔掉吧？此時可用這隻手拿起紙巾沾些清潔劑，順手擦拭一下馬桶前後，同時馬桶內也一併擦乾淨。全部動作約一分鐘便可結束，只要每天早上落實執行，廁所將晶亮無比。

另外舉個例子，洗澡時不要淋浴，而是泡在浴缸中清洗身體。最後將浴缸的熱水放掉後，以海綿沾些肥皂來擦拭浴缸，同時用剛才擦拭身體的浴巾擦乾浴缸四周的水滴，然後把這條浴巾鋪在更衣間的地板上。用吹風機吹乾頭髮後，往往頭髮掉了滿地，此時可用剛才鋪在地上的浴巾擦除，最後丟進洗衣機裡。才花費短短幾分鐘，浴室和更衣間就變得潔亮無比。

再舉個例，當洗好碗盤，並收進瀝水籃時，我會一併清洗流理台的廚餘濾網和排水口。接著再用毛巾擦乾流理台四周，並用這條毛巾擦拭所有噴濺於地面的髒污，最後丟進洗衣機裡。才花費短短幾分鐘，流理台和廚房地板都變得潔亮無比。

我的專注力就是藉由這般平時的打掃整理而得以提升。

習慣 28 為了不浪費時間，平時就要勤於整理整頓。

事先預約幾個月後去剪髮

各位是否曾爲了明天上班要穿什麼而傷透腦筋？或是一旦開始穿搭衣服就沒完沒了？

我也曾在出門約會前挑選要穿的衣服時，嫌東嫌西地挑個不停，結果搞得約會遲到。

其實愛美也屬於積極進取的舉動。

若放眼瞧瞧動物的社會，鳥類和動物一旦進入繁殖期，便會認眞打理自己的門面。這是因爲愈是讓自己的羽毛或身上的毛整齊美觀，愈能被判定爲身強體健，未受塵蟎和寄生蟲侵害，進而能覓得良伴，畢竟外在的美麗正能反映出內在的健康。

當各位**打算專注於讀書或工作時，就想要動手打扮自己、修剪頭髮、在意指甲彩妝的舉動，正屬於「打理門面舉動」，意圖打造出得以保持專注的外觀**。

然而，要是考前還想穿搭衣服，將變得沒有時間讀書。只要平時就好好打扮自己，理應備妥了所有穿搭，而且從頭到腳都已打理得十分整齊光鮮。

我經常修剪頭髮，因爲只要頭髮一長便會心神不寧，以至於無法保持專注。我每隔三週就會向常去的理髮店預約數個月後的時間，因爲只出張嘴說「有時間就去剪頭髮吧」，最後往往挪不出時間去，所以我總是先敲定理髮的時間，然後當天上午便排成休診。

由於我是外科醫師，因此每週得剪兩次指甲。我的公事包裡，隨時帶著備有指甲剪的化妝包。

除此之外，化妝包裡還有修剪眉毛和鼻毛的剪刀、牙線、電動刮鬍刀、化妝水、育毛劑等。因爲一旦發現「少了那樣」就會坐立難安，無法保持專注，所以我總是隨時備妥這些道具，平時就打理好自己的門面。

由於我使用的化妝水經過醫學藥方處理，因此屬於肌膚回春三大成分的膠原蛋白（collagen）、玻尿酸（hyaluronic acid）、百分之一百彈性蛋白（elastin），以及香料、色素等添加物一概未含，屬於無色無臭的溶液。這種化妝水是爲了一到冬天腳後跟就會龜裂，手肘和雙手也變得乾燥不堪的人所開發，持續使用後，手肘和腳後跟將滑溜得猶如嬰兒肌膚一般，所以現在也拿來塗抹臉龐。

在飯店的房間裡工作時，通常靠牆的桌子前有面鏡子吧？一邊檢視自己的臉龐一邊工作相當重要。一般來說，當各位全神貫注地工作時，並不會端視自己的臉龐。以女性來說，由於化妝或拍攝紀念照時，都是不同於平日的臉龐，一旦在工作當中無意間看到自己的臉，恐怕會被眉間的皺紋、鬆弛的雙頰、黑眼圈等嚇了一大跳。

無論多麼專注於工作上，也不希望自己變得一臉憔悴吧。

習慣 29

藉由維持自身清潔以凝聚專注力。

舒緩身體僵硬以全神貫注吧

想必有不少人一坐在桌前開始工作，便立刻感覺「肩膀僵硬」、「腰頸痠痛」、「雙腳冰冷無力」？

身體僵硬會引發「疲憊感」，讓專注力變差，屬於導致持續時間縮短的專注阻撓因素。

其實日常生活中的家事對於舒緩身體僵硬也十分有效。

話說回來，大家知道「痠痛」與「僵硬」的差別嗎？

痠痛是使用過度造成，僵硬則是太少使用所致。

肩胛骨是上半身的骨盤。自從人類的祖先由四腳行走演化成雙腳行走，就變得不再使用上半身的肌肉。儘管如此，畢竟古時候還有耕田、劈柴等靠勞力的工作，但現在的人卻是比筷子重的東西就拿不動，因此血液循環變差，「肩膀僵硬」的情況也隨之增加。

雖然按摩後原本淤滯的血液被擠出，改善了肩膀僵硬，但這樣的效果不過是短暫的。若要徹底**解決肩膀僵硬的不適，只能重新變回以四腳行走**。然而要是突然以四腳在外行走，肯定在鄰里間聲名大噪，不妨當成興趣並兼具實質益處，在家裡試做看看。

這就是指日本人早上的勞動「擦地板」，亦即以「四肢爬行」的姿勢，擦拭木地板或廚房、更衣間、廁所等地面。由於這種姿勢會活動到肩胛骨四周的肌肉，因此可透過加壓作用改善血液循環，消除肩膀僵硬。

當地板乾淨到無須擦拭時，不妨「擦窗戶」。為了擦拭高處的窗子且不用工作梯，便得伸展背部吧？此時將可藉由小腿肌肉的加壓作用，讓下半身的血液循環變佳、消除水腫變成「美腿」，並解決手腳冰冷問題。甚至若把肩胛骨略往上提，還能擦到更高的位置。這種活動肩胛骨的運動，最適於用來消除肩膀僵硬。

至於有四十肩、五十肩問題的人，我建議嘗試「熨斗體操」。手持電熨斗並下垂，然後前後左右擺盪，同時讓擺度愈來愈大。不過每次都得拿出熨斗挺費事的。既然如此，就請隨時備妥兩瓶兩公升寶特瓶的礦泉水，一瓶剛好可當成兩公斤啞鈴的代用品。雙手拿著這兩瓶寶特瓶並下垂，然後前後交錯地擺盪，接著再左右一致地擺盪，同時讓擺度愈來愈大，如此將可緩和肩膀的痠痛。

爲了不讓肩膀或腰部因過度專注於工作而痠痛，請時而休息一下，做一做上述運動。

習慣 30

利用「晨間清掃」消除阻礙專注的身體僵硬，並解決運動不足的問題。

為求百分百發揮潛能，肌力訓練極具成效

以前我對肌力訓練十分不以爲然。

健走屬於有氧運動，所以能一併燃燒氧和脂肪，然而肌力訓練卻屬於無氧運動，因此是燃燒肌肉中稱作肝糖（glycogen）的醣類，導致體內累積屬於疲勞物質的乳酸。此外，乳酸還會讓血液陷入偏酸性的「乳酸中毒」狀態，進而助長癌細胞的生長。

由於不僅毫無減肥效果，還會造成肌肉疲勞，甚至容易罹癌，因此我對肌力訓練沒有半點好感。

然而不久前我看到一篇有關大自然反撲的報導，當下我不禁自問：「你能靠

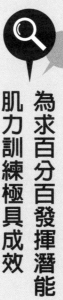

自己奔逃到山丘上的避難所嗎？」、「你有辦法拯救眼前大聲呼救的家人和鄰居嗎？」結果我的答案是「ＮＯ」。

六十歲前的我，人生講求「本位主義」，一心想著「追求更高的社會地位」、「希望收入更多」，只在乎自己的利益。

不過當我利用滿六十歲的機會，試著回顧自己的過去後，才終於發現自己一路以來受到的支持何其之多，要是沒向世人回報這份恩情就先翹辮子，那簡直太對不起大家了。

於是我的念頭一轉，期許自己今後的人生能爲世界、爲人們、爲大多數的人，即使只多一個人也無所謂，多活一些時日來盡心盡力，就算只多活一天也行。

基於此故，體力是基本要項。如果缺乏體力，就無法傳達自己這份心意，也無法幫到人，於是我開始進行肌力訓練。

初期階段我組合了各種動作進行訓練，這是爲了分別鍛鍊身體各個部位的肌肉。但是過了一段時間後則漸漸集中於一種動作，那就是吊單槓。

起初我完全撐不起來，但當我吆喝一聲「爲世界！爲人們！」便把身體撐起來了。

有道是「火災現場的驚人神力」，在我們的身體當中，隱藏著莫大的潛能。不過，要是經常釋放這種潛能，將造成關節的負擔，肌肉也會斷裂，因此平時的肌力只發揮到潛能的一半。爲了讓自己在遇上萬一時能百分百發揮潛能，就是要靠練習，亦即「鍛鍊」。

吊單槓是一種既單純又艱辛的運動，因此十分適合用來鍛鍊身體。

透過鍛鍊，可讓自己充滿自信地認為「如果能每天持續做如此艱辛的運動，那麼大部分的事都能過關了」，領悟到自己體內也隱藏著莫大的潛能。

此外，如果長時間保持同樣姿勢坐在書桌前，將會導致肩膀僵硬或腰痛。此時要是做些肌力訓練當作休息的話，將可瞬間消除身體僵硬。

一旦練出體力，甚至能大幅增加專注力的持續時間。

身體可是相當老實呢。當持續鍛鍊數週後，體格將出現變化。健身教練經常提到「發脹」（pump up）一詞，這是指肌肉漸漸肥厚，體型變成倒三角形。

鍛鍊之後，將漸漸餓了起來，尤其想吃豆類、堅果類及肉類料理。這是因爲肌肉變多，必須爲身體補充蛋白質之故。

當遇上關鍵時刻，若能將潛在能力發揮到極限，無論是運動、讀書或工作，都能百戰百勝。

習慣

31

吆喝一聲「為世界！為人們！」再做肌力訓練，將可提升專注力。

坐下時抖腳，一起身便走出巨星台步

夏洛克．福爾摩斯（Sherlock Holmes）總是在房裡一邊踱步一邊推理案情，各位在思考事情或爲了應付考試而默記時，是否會在房裡繞來繞去？**良好的姿勢與行走皆屬有氧運動，有助提升專注力**。

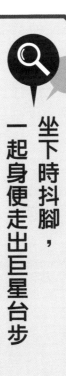

坐在椅子上時，建議「坐深一點」。通常我們總被要求椅子坐淺一點，同時要挺直背，不過當感到疲倦而靠著椅背時，坐姿便呈駝背狀。此時若把屁股整個塞進椅背和椅面相接的直角部分，背部將無法彎曲，而這正是可長時間保持專注的姿勢。

此外，讓心神專注的最佳方法就是「抖腳」。坐下時若快速開合膝蓋，小腿和大腿的肌肉將不停晃動。每當我想不出適合的詞句來寫稿而心神煩躁時，我總會抖腳，結果末梢循環因此變佳，進而湧現新的靈感。

如果待在屋裡感覺腸枯思竭時，不妨到屋外健走一下，如此可讓自己擺脫壓力，有助於重啓專注力。一邊欣賞四周景色一邊健走的話，原存於腦中的種種詞句或影像將漸漸被刪去，讓腦袋感覺輕盈不少。其實，當腦中諸如此般地進行整理時，將會從中發現絕妙靈感，或是浮現全新構想。

不過當我向四周望去，卻驚覺好多人都一邊垂頭、駝背、曲膝，一邊如幽靈亡魂般，無精打采地走在路上。我明白大家因工作或壓力而感到疲憊不堪，但這樣的健走方式只會引發負面情緒，無法培養出專注力。除此之外，這樣的姿勢會給頸部、膝蓋、腰部、內臟帶來不小負擔，對健康也是大大扣分。難得有機會活動一下，因此健走時不妨也顧及健康，讓自己的狀況漸入佳境，連心情也保持正向，滿懷自信地邁步前行吧。

健走之前，首先得擺出「泳池畔姿勢」。平常習慣駝背、突小腹的人或許不少，但每當身穿泳衣於游泳池畔拍紀念照時，大家不都是擺出縮腹、挺胸的姿勢嗎？這種帥氣的姿勢不僅有益健康，還有助於提升專注力。駝著背且走姿顯得無精打采的人，絕不可能提出積極進取的提案。只要走姿正確美觀，思考邏輯也能變得正面光明。

健走時請保持上述姿勢走出「巨星台步」，亦即以最大的步伐威風凜凜地邁步前行。在行走的過程中，可讓自己感到趾高氣揚，猶如眞的當上巨星一般。

至於在電車裡則可採取「虛擬衝浪姿勢」。請不要握住車環，且稍微曲膝，動作輕柔地保持身體平衡。藉由小腿肌肉的加壓作用，可讓全身循環變佳，同時爲了使用內層肌肉，內臟脂肪將被燃燒，平衡感也將隨之改善。這種姿勢可謂最棒的有氧運動。

習慣

32

同時思考與行走，將可提升專注力。

心神專注的呼吸法為由鼻吸氣，從口吐氣

爲了提升專注力，和運動同樣重要的就是呼吸法。自古以來，爲了學習武道和修心養神，呼吸法十分受到重視。我所提倡的呼吸法有四。

第一種是由鼻吸氣並從鼻吐氣的「鼻鼻呼吸」，這是我們在靜止狀態下所採行的最省力呼吸法。**安靜思考時的呼吸法就是鼻鼻呼吸**。

第二種是由口吸氣並從口吐氣的「口口呼吸」，交談和唱歌時就是採行這種呼吸法。由於吸氣時交感神經會亢奮，吐氣時副交感神經會亢奮，因此這種呼吸法可用來鍛鍊自律神經，不過要是吸吐得太頻繁，也有可能導致換氣過度而失去意識。

從前，曾有人在Group Sounds（日本於一九六〇年代後半由數人組成，以吉他爲

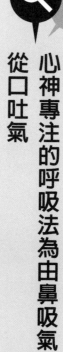

主要伴奏樂器的搖滾樂團種類）的演唱會上因興奮過度而昏迷，個中原因多半是口口呼吸引發了換氣過度。**全神貫注欣賞運動賽事或音樂時的呼吸法就是口口呼吸。**

第三種是由口吸氣並從鼻吐氣的「口鼻呼吸」。在泳池中游自由式時，爲了避免鼻子進水，通常會採行這種呼吸法。同樣的道理，這種呼吸法能有效防止花粉進入鼻子，因此能預防花粉症。雖然鼻子爲可擊退外敵的屏障，但嘴巴則毫不設防地將所有物質當成營養一概吸入。基於此故，當胡椒進到鼻內，人體就會打噴嚏將胡椒趕出體外，但若是由嘴巴進入，將吃得津津有味。

同樣的道理，當花粉進入鼻內，便會引發噴嚏，但若由嘴巴進入，則能毫不排斥地接受花粉。花粉季節時就甭戴口罩，不妨開口微笑，從齒縫吸氣吧，藉由被蓄積於唾液上的花粉，人體將產生免疫耐受性。此外，針對沾附於鼻子上的花粉，則用力呼氣將其噴離。試飲葡萄酒時，也會讓葡萄酒輕含口中，同時從嘴巴吸氣，然後再一邊從鼻子吐出這口氣，一邊全神貫注地品嚐味道和感受香氣。**能夠接受外部刺激的呼吸法就是口鼻呼吸。**

第四種是由鼻吸氣並從口吐氣的「鼻口呼吸」。肚臍下方間隔三指之處稱爲

「丹田」，由鼻子吸氣至丹田鼓起，再由嘴巴慢慢吐氣至丹田凹陷。這種呼吸法稱作「腹式呼吸法」，呼吸的方式猶如波浪的起伏律動。

人類的祖先是魚類，魚類在登上陸地之前，應該如肺魚一般存於打上岸的浪花裡，當海浪襲來時便吐氣，而當海浪退去時則大口吸氣。因此當我們聆聽浪聲時，彷彿重新喚回遠古的記憶，心靈感到無比平靜。

一邊數四下一邊由鼻子吸氣，再一邊數八下一邊從嘴巴吐氣。由於這是可活動到內層肌肉的有氧運動，因此脂肪將會燃燒，身體隨之回春。為求專注心神就採行鼻口呼吸吧。

習慣

33

一邊分類使用四種呼吸方式，一邊保持專注。

寒冷也是專注力的得力幫手

一待在溫暖的房間裡，腦袋就會變呆滯而昏昏欲睡。因此要專注心神時，重點為房間不宜過暖，甚至要讓房內空間冷一點。

寒冷是讓人腦清醒的專注促進因素。

我開始用功讀書準備報考醫學大學是在高二第二學期時，當時的成績是全班倒數第一名。每天放學回家窩進房間後，便為了應考而讀書八小時，不過當專注力半途中斷而昏昏欲睡時，即使是冬天，我依然把窗子全部打開，讓腦袋冷卻並蜷縮起身子，繼續用功讀書。結果這個方法十分奏效，到了第三學期時，我的成績變成全班第一。

或許有人擔心要是讓身體受寒，恐怕會引發「失溫症」，不過人類屬於恆溫動物，無論是居住熱帶的人，還是居住寒帶的人，體溫同樣是三十七度。

人腦中具有體溫調節中樞，當體表溫度升高，便會開啓毛細孔排汗，以散放體熱，降低核心溫度。

反之，一旦體表**冷卻，則會燃燒屬於發熱物質的內臟脂肪，提高核心溫度**。

有些人因手腳冰冷，於是藉由泡半身浴或洗三溫暖讓身體保暖，不過身體愈暖和，體溫調節中樞將把核心溫度降得愈低，因此出浴時常感覺身子發冷。針對於此，如果離開浴缸前以由手肘往前、由膝蓋往下的方式澆淋冷水，進行「局部冷水淋浴」的話，身體就不會發冷。

炎炎夏日中，有些人會泡在浴桶裡洗冷水澡，不過身體一旦冷卻，體溫調節中樞將提高核心溫度，結果導致上火。其實天氣愈熱，反而更該洗熱水澡吧？

冬天裡有不少妙齡女子會圍上圍巾或穿高領毛衣，把頸部包得密不透風以求保暖，但同時又身穿迷你裙，任雙腿凍得冷冰冰的，對吧？不過一旦幫頸部或頭部保暖，體溫調節中樞將為了降低體溫而擴張末梢血管，結果雙腿更加失溫，最後導致手腳冰冷。

由於天冷時體溫調節中樞會收縮末梢血管，讓血液向身體中央集中，因此必須讓末梢器官保暖。其實冬天反而不要圍圍巾或戴帽子，只要讓頭部冷卻，內臟脂肪便會燃燒，核心溫度隨之上升。同時不妨隨時留意足部的保暖吧，這就是「寒頭暖足」理論。

接著回到主題。

當專注於工作或讀書時，應該如何控制室溫和體溫呢？

冬季常因暖氣機或暖爐的熱氣上升，使得頭部上火且腳底冰冷吧？這樣的環境與寒頭暖足背道而馳，因此並不合宜。暖爐熱源屬於輻射熱，熱氣會直接傳遞至軀幹，不過由於人體必須換氣，結果終致頭部上火，腳底冰冷。使用暖氣機或暖爐時，不妨把強度調弱一些，保持腳底的溫暖吧。

由此看來，**地暖系統和暖桌正符合寒頭暖足的理論，可謂十分理想。**

至於夏天又是如何呢？

冷氣機讓冷空氣下降，雖然腳底冰冷，但頭部恐怕容易上火。**不妨將冷氣機強度調弱一些，同時搭配電風扇一併使用。**

習慣 34

以冷卻頭部並保暖腳底的「寒頭暖足理論」來保持專注。

第 5 章

控制腦部，全神貫注

理想狀態為「反射性動作」

女生很愛聊天，在咖啡廳一旦打開話匣子便停不下來，就算被通知要打烊了，依然繼續聊個沒完。

不過在婚宴上，就算麥克風突然朝向她們，她們也說不出半句話，兩種狀況究竟有何差別呢？

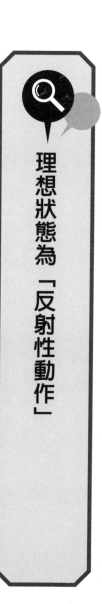

一旦有麥克風朝向自己，腦袋隨即思考該說些什麼好，不過平常閒聊時卻什麼也沒想，單純是反射性地邊答邊笑。

在高爾夫球練習場練球時明明好球連連，一正式上場卻總是失手，這種情形時有所見。在練習場打球時，通常沒多想什麼便全力揮桿，不過一旦到球場打球，則有諸多顧慮。愈擔心是否失手，愈會用力過度打成壞球。

紅毛猩猩總是抓著高處的樹枝不斷移動位置，牠們完全沒想過自己是否會手滑摔落，不過人類就會有此顧慮。我們往往會想像最糟的狀況，光是用想的，身體就畏縮不前。

顧慮過多的人無法在正式上場時發揮原有的實力。

反之，**心中毫無雜念時，反而能發揮原有的實力；不顧一切往前衝時，反而能發揮出超越過往的實力**。

我就讀醫學大學期間曾參加馬術社團。平常練習時，我總是抱怨「爲什麼非得騎這種搖來晃去的傢伙？用走的還比較輕鬆」，唯一的樂趣就只有練習結束後的啤酒。

不過一旦上場比賽，我則變得不顧一切地向前衝去，當一一跳過擋在眼前的障礙物時，內心眞是無比暢快。大三時我曾與一般科系的大學切磋馬術，結果奪得醫學大學首次個人優勝，最後還輕鬆跳過和我身高一般高的巨大障礙物。

其實我這個英勇事蹟還有從未告訴過任何人的後續小插曲。勇奪優勝當天，我和同學一起到附近的居酒屋飲酒慶功時，突然感到身體不適，於是隨即返家。結果一量體溫，發現竟已發燒到三十九度。

比賽時，可能是發燒讓腦袋變成如「紅毛猩猩」一般吧，所以我才能毫無所懼地一路衝向障礙物。由於什麼都沒去想，因此能發揮出平常的實力……不對，是更勝於平常的實力。

此外，有時我會受國外學會之邀進行手術直播。雖然得在眾目睽睽的電視攝影鏡頭前進行乳癌手術，但我從未緊張過。針對手術是否能順利、要是手術失敗該如何是好等，我一概不去多想，只是一如以往地完成手術而已。畢竟同樣的手術，過去已進行過數千次，所以就算什麼都沒想，也能反射性地動手開刀。

各位平常走路時，應該不會想著「下一步換右腳」、「下一步踏出左腳時，同時右手向前擺動」吧？個中的道理一模一樣。

我並非要求大家放輕鬆，其實**為能全神貫注，適度的緊張感有其必要，但人腦無須介入其中**。

英文不靈光的人往往要求腦部處理大量的工作，諸如「聽清楚對方所言」、

「把內容翻譯成日文」、「聽不懂的部分靠自己想像塡補」、「用日文思考答案」、「把內容翻譯成英文」、「活動舌頭來發音」等，如此一來，應該無法順利開口說英文吧。不過和朋友用日文聊天時，由於並未深入思考，而是反射性地閒聊，因此得以一直聊個沒完。

「這件衣服好可愛唷！」「是嗎？我不這麼認爲耶，因爲……」這樣可就聊不下去了。

「這件衣服好可愛唷！」「對呀，挺好看的。」「可是似乎有點花俏。」「我也這麼覺得。」「買起來好了。」「快買呀。」「可是我還想再看看別件。」「是嗎？要去看看嗎？」

——能像這樣反射性地採取行動的人，工作時應該也能靠反射神經讓自己全神貫注。

習慣

35

全神貫注時，勿讓腦部有所不安或疑惑，也不要考慮太多。

為能無須多想便成功，必須將「腦部記憶」轉換成「身體記憶」！

日本花式滑冰選手羽生結弦（曾獲奧運花式滑冰金牌及世界花式滑冰錦標賽冠軍，也是亞洲首位勇奪奧運男子花式滑冰冠軍的選手）決定挑戰連續四圈旋轉跳躍時，要是先顧慮萬一失敗該如何是好，恐怕根本不敢輕舉妄動。

正因爲無懼失敗，所以才能發揮實力。

不過，**為能無須多想便獲得成功，務必藉由反覆練習讓身體牢記**，這就是所謂的身體記憶。

記憶可分成「腦部記憶」與「身體記憶」。

腦部記憶屬於「短期記憶」，諸如記住今天所見之人的姓名或行程等，這些都只能維持短暫的時間。

相對於此，身體記憶則屬於「長期記憶」。小時候學會的「語言」、「樂器演奏」、「運動」等，即使長大成人也不會忘記。舉例而言，只要小時候學會騎腳踏車，長大後依然會騎；只要小時候學會彈鋼琴，長大後依然會彈。

一旦罹患失智症，腦部記憶的能力將會衰退，因此今天吃了什麼或人名等全都記不住，不過兒時唱過的童謠則屬於身體記憶，所以能朗朗唱出。

只要讓身體牢記，無須多想什麼，身體自然會動起來，因此藉由反覆練習讓身體變成習慣相當重要。

習慣 36

為了讓身體牢記，反覆練習十分重要。

建議以單一模式生活

我通常於凌晨三點或四點起床撰寫企劃書或稿子，早上九點到晚上六點則以外科醫師身分在診所看診或開刀，接著吃過晚飯後，晚上十點前上床就寢，每天重複著這樣的作息。

就算在外出差也儘量按照這樣的行程，而週六、日的作息時間原則上依然如此。

至於服裝部分，固定爲工作時身穿白袍或手術衣，便服則是寬鬆休閒且感覺舒適的褲子和襯衫。

餐飲爲一天一餐，晚餐有時自己在家開伙，有時外出用餐，不過只去經常造訪的餐館。

早餐和中午若覺得餓的話，便吃點堅果之類的零食，或是優格、海髮菜、納豆等具有黏稠性的食物。

有人問我：「每天都一樣作息，不覺得膩嗎？」但這是我根據長年的經驗與醫學上的理論，爲自己量身打造而成的健康法。由於我最喜歡按自己的步調，過著單一模式的生活，因此完全不覺得辛苦。

反之，每當去試吃我在雜誌上看到的餐廳，結果有時糖分太多、有時不喜歡沙拉醬當中的油、有時餐點裡有化學調味料、有時店員的應對速度太慢等，多半無法讓我滿意。

但最主要的原因，還是在於如果要爲了該吃什麼、該穿什麼、該幾點起床等而傷透腦筋，未免太浪費時間了。

我在工作上得做出許多決斷，諸如爲了治療病患，是否需要動手術？抗癌藥的施打該持續到何時？外科醫師的職責就是得做出許多重要的判斷。

由於我希望每次都能做出最妥當的判斷，因此不想把重要的判斷力浪費在個人私生活上。我認爲自己的判斷力是爲了病患而存在，**所以盡可能讓私生活單純一些、不要賦予變化、採單一模式作息，刻意避免浪費我的判斷力**。

大家如果有男女感情或與家人不睦等令人煩心的問題，就無法將全部心思放在工作或讀書上吧？

因爲這些**雜念全是嚴重的專注阻撓因素**。

要做出正確的判斷或決斷之前，請勿思考或判斷一些無謂瑣事，讓私生活變成單一模式。

習慣 37

只要讓私生活單純化，就能全神貫注，不再事事煩惱。

出差搭乘的新幹線總是相同班次、相同座位

我之所以堅持單一模式作息，其實還有其他原因，那就是當專注於某件事時，很容易一不小心就出錯。

比方說搭乘新幹線時，我總是搭乘相同班次、相同車廂、相同座位，搭飛機亦然。如果每次搭乘還要留意班次時刻，或拿不定主意搭哪一班，將變成一種壓力。

想當然耳，在建立出這種單一模式作息之前，我經歷過一段試誤過程。比方說從羽田機場回我位於千代田區三番町的診所時，可搭乘單軌電車，也能搭乘京濱急行電車，而轉乘方式也有幾種選擇。

有些人覺得爲了避免癡呆，最好選擇不同於以往的班次，或行經不同路線，藉

以鍛鍊腦部。不過當採用了不習慣的路線時，要是心中正在思考某事，恐怕會坐過站。因此，**為了避免一不小心出錯，我總是以固定時間、固定條件來移動**。

比方說前往大阪的新幹線爲星期幾的幾點幾分，且車廂編號及座位號碼一如以往；前往福岡的班機爲星期幾的幾點幾分，且爲哪一家航空公司等，只要事先敲定如上，就不會有趕不上交通工具，或覺得緊張不已的狀況發生。

此外，搭乘新幹線或計程車要下車時，不妨以食指一指，然後輕聲說句「東西都拿了」，確認座位上是否有東西忘了帶走；在機場通過隨身行李檢查後，不妨看一下班機起飛時刻，然後輕聲說句「幾點幾分幾號登機門」，確認登機時間；離開飯店時則輕聲說句「手機拿了、皮夾拿了、筆電拿了」，進行最後確認。

為了避免一不小心出錯而說出聲地進行確認，將有助於專注在該件事物之上。

習慣 **38**

只要以相同條件敲定出差行程與移動方式，就不會出錯。

光憑努力與意志力，頭腦無法全神貫注

一旦打算全神貫注，你的腦中將有「兩個你」開始對話。

一個是「說客套話的你」，經常以「爲了遵守交稿期限」、「爲了不給周遭的人添麻煩」、「爲了世人」、爲了「將來的自己」等說法鼓勵你。

另一個是「說眞心話的你」，經常以「話雖如此，但我累了」、「完全沒有幹勁」、「這樣有何意義」、「想要做更開心的事」等說法誘惑你。

會出現這種爭辯的場面，全因爲你的頭殼當中存在著兩個腦所致。

只要搞懂腦的結構，就能明白這個事實。

大腦的結構類似地層結構，隨著生物的演化漸漸變厚。爬蟲類的腦被視爲「古

大腦的「地層結構」

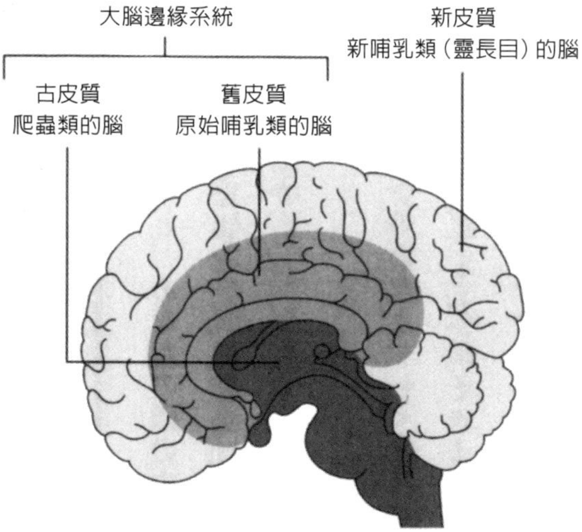

皮質」，原始哺乳類的腦被視爲「舊皮質」，新哺乳類（靈長目）的腦被視爲「新皮質」。醫學上將古皮質與舊皮質合稱爲「大腦邊緣系統」，換句話說，這是其他動物也具有的「本能」部分。

相對於此，人類則以「新皮質」較爲發達，換言之即爲「知性」部分，個中原因爲何呢？

新皮質屬於爲求維護社會秩序的腦。對於群聚動物而言，秩序非常重要。

在動物的社會裡，群體的老大人選取決於「力氣」。凡是健康、體力充沛、擅長打鬥者就能捍衛族群、延續自己的子孫。人類在原始時代也同於其他動物一般，一律透過格鬥來決定誰是老大。

然而，隨著社會規模擴大，單靠體力的年輕人已漸漸無法捍衛族群，同時獵食和打鬥時，也變成不再只靠體力，而是得具備規劃策略的頭腦和經驗，甚至還要擁有保護弱小的善良心地。

不久後，社會變得更趨複雜，擅長政經領域的人成爲當權者。想當然耳，要是有年輕人空手挑戰這名當權者，肯定由年輕人勝出，如此一來，將無法維護社會秩序。於是「敬老尊賢守則」就此產生，其中涉及法律、倫理、道德、教育，而掌管這一切的腦正是新皮質。

舉例來說，就算當權者爲步伐蹣跚的老人，也願意向他伏地跪拜，不會刀劍相向，這就是新皮質的作用使然。

各位在上級長輩面前，通常會打領帶吧？**領帶的含意為「我願意服從你，請看，我戴著項圈唷」**。

此外，一般婚後會把戒指戴在左手無名指上。**婚戒的含意為「我已婚，因此請不要靠近我」**。

小朋友都很天眞無邪。這是因爲他們只用到邊緣系統使然。或笑、或怒、或哭、或吃、或熟睡，他們完全只靠本能活在世上。

然而，父母往往想要教養孩子。請看，日文教養之意的漢字「躾」，就是由「身」和「美」組成。不受教的孩子既「粗野」又「胡鬧」，服從父母的孩子則被教育成「儀態優美」。

當然小朋友也會反抗父母，這段期間稱爲「叛逆期」，通常三、四歲時爲「第一次叛逆期」，青春期則爲「第二次叛逆期」。**換言之，所謂叛逆期就是邊緣系統對於新皮質的反抗**。

這也就是說**我們體內有「新皮質」與「邊緣系統」兩種命令系統**。要是汽車有兩個方向盤，而且各自向不同的方向前進，應該會造成混亂吧?就算新皮質下令「專注於讀書與工作上」，邊緣系統卻嚷著「專注也沒用啦」、「好想偷懶」、「想出去玩」、「好想喝酒」等，如此一來應該無法全神貫注。

不過，兩者就有如油門和剎車一般，只要保持彼此間的平衡穩定，便能舒適愉快地駕車兜風，這就是「南雲式專注法」。

習慣 39

讓自己頭殼當中的兩個腦，保持彼此間的平衡穩定。

只要取悅「本能之腦」，工作便能一切順利

如同前文所言，**「邊緣系統」就是與生俱來的你，相對於此，「新皮質」則是父母及社會造就而成的你**。

一直以來，你總是扮演著好孩子的角色。你不忤逆父母，在社會上也順服於上級，就算有想要表達的意見，也會隱忍在心。換言之，新皮質一直掌控著邊緣系統。而今，你又打算專注於工作或讀書上。**全神貫注之時，等於把自己逼到走投無路的極限狀態，此時若還繼續以新皮質為主，你將會完全崩潰**。全神貫注時不妨善加利用邊緣系統。

邊緣系統包含「海馬體」及「杏仁體」。

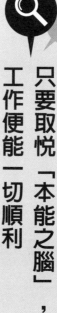

海馬體主掌記憶。**拂曉淺眠時之所以做夢，就是因為海馬體正在進行記憶的分類**。針對新的記憶，保存其中重要的記憶，至於無立即必要性的記憶則收進腦海深處。

一旦因失智症導致海馬體功能衰退，將變得無法記憶新的事物，不過卻能唱出懷舊老歌。

由於海馬體位於可感知嗅覺的嗅腦附近，因此可藉由氣味喚回一度遺忘的記憶。

以我個人爲例，當我把臉頰貼近父親的遺體時，過往與父親共處的記憶便如走馬燈一般重現腦海。

至於杏仁體則與「喜惡的記憶」相關。大部分的動物於幼年階段看到蛇，多半感覺有趣，想要伸手觸摸，不過一旦被蛇咬，便再也不肯接近蛇，甚至變成一朝被蛇咬，十年怕草繩。

草食性動物吃了菸草後，若因生物鹼中毒而產生嘔吐暈眩的症狀，將再也不吃菸草。諸如此般**為了保命而主掌著喜惡記憶的部位即為杏仁體**。

如果老是挨罵以至於最後變成不愛讀書，就是因爲這個緣故。

反之，**若有受誇或成功的經驗，則變成愛上讀書**。當我報考醫學大學入學考及醫師國家考試時，由於全靠短期間的專注衝刺考取，因此我愛上了短期專注讀書法。長期抗戰型的工作與讀書似乎不適合我，通常我會先決定好短期專注要持續到何時爲止，然後一結束便想盡情放縱玩樂。

打個比方來說，白天看診時我從不休息，也不用餐，而是從早上九點馬不停蹄地一直工作到傍晚。

門診用的房間備有兩間，當我正在爲一位病患看診時，會請下一位病患進到隔壁房間，並讓護士詢問這名病患的近況，然後預先做好必要的檢查和治療的準備。我通常是一口氣爲數十名病患一一看診。

看診的同時，也會著手進行手術室的準備。

由於我每天有三、四個病例要開刀，如果等一名病患開完刀，再進行下一場手術的準備，將來不及應付。基於此故，我往往利用門診的空檔完成兩場左右的小型手術，等門診一結束，便同時展開大型手術。當度過手術最關鍵的環節時，隨即開始爲下一位病患進行麻醉。

毫無歇息地接連進行門診和手術時，心中毫無雜念相當重要，因爲一旦心有雜念，就無法專心看診，不過必須訂出打算於幾點以前完成工作的目標。要是手術進行得拖泥帶水，一直持續到晚上七、八點，辛苦的不只自己，連護士和麻醉師都跟著辛苦。更糟糕的是當手術時間一拖長，不僅給病患的身體造成極大負擔，等待手術結束的病患家屬也將倍感煎熬。**於事先敲定的時間內完成工作的節奏感非常重要**。

爲此，最好的辦法就是取悅邊緣系統，亦即想像任何讓自己開心的事。如果是各位的話，會想像什麼事呢？

「肚子好餓喔，不過要是現在暫停先吃飯，將會變得昏昏欲睡。不如專心工作到六點結束，然後再去大啖美食吧。」

「今天有拳擊冠軍錦標賽的轉播，等工作告一段落，就先去洗澡，然後再一邊暢飲啤酒一邊看電視轉播吧。」

「家裡有年幼的女兒在等我回去，做老爸的我拚了！」

什麼事都行，各位**不妨訂出讓自己興奮雀躍的目標吧，然後在達標之前絕不鬆懈，全神貫注。**

習慣
40
為了保持期專注，事先備妥給予腦部的「獎勵」。

壓力也有兩種之分

所謂壓力即爲因外在刺激而致心理或身體出現異常的事物，有害身心的壓力稱爲「痛苦壓力」（distress），反之也存在有益身心的壓力，稱爲「優質壓力」（eustress）。

人體具有即使多少有些壓力，仍能維持體內環境的機能，此稱爲「恆定狀態」（homeostasis）。

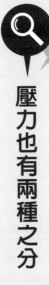

當氣溫一下降，體溫調節中樞便立即反應以燃燒脂肪、震動肌肉、提高體溫。反之，若氣溫升高，則會讓毛細孔開啓，流汗散熱。

體內水分過多時會導致水腫，而水分不足時，則會讓水腫部位的體液回流血管及細胞中。

飽餐一頓後，身體會將營養轉化成脂肪囤積，空腹時則會分解這些脂肪變成熱量。

上述全是爲了保護身體避免遭受壓力的壓力（恢復）反應。

然而當壓力過大時，需要更大的因應力道，那就是稱作「雄性激素」（androgens）的男性荷爾蒙，由位於腎臟上方的小型器官「副腎」所分泌。

畢竟雄性激素屬於因應非常時期的荷爾蒙，因此平常都儲存於副腎中，唯有龐大壓力來襲時才會大量分泌。它也稱作「逃離荷爾蒙」，用於「逃離」敵方、與敵方「背水一戰」之時。爲了因應戰鬥所需，雄性激素會分泌皮脂，使毛髮濃密。

應考及失戀時往往承受極大壓力，此時常會產生頭皮屑或冒出青春痘，這正是雄性激素讓皮脂分泌的結果。此外，頭髮脫落的原因則是位於頭部前方髮根中的轉化酶，讓原屬毛髮濃密荷爾蒙的雄性激素變成毛髮稀疏荷爾蒙。

痛苦壓力包括失敗、挫折、人際關係不順、難受、痛苦、過勞、不安、恐懼等，是一種使自己身心遭受煎熬，進而喪失熱情幹勁，危害人體健康的壓力。

習慣 41

事先了解對自己而言的「良性壓力」與「惡性壓力」。

而優質壓力則包括熱情幹勁、挑戰、目標、運動、遊樂、可成爲激勵的良好人際關係等，是一種促使自己振作，進而能提升專注力、充滿勇氣、獲得活力與健康的壓力。諸如此般的「良性壓力」，可使人生更加豐富充實。

不過，對於痛苦壓力與優質壓力的感受因人而異，甚至有時原先認爲是痛苦壓力而憂鬱沮喪，但稍微具備實力後，竟然轉而認爲是優質壓力。

以雲霄飛車爲例，對於不愛坐的人來說應屬痛苦壓力，但對於熱愛者而言則屬於優質壓力。

對我而言，在學會裡發表研究成果或進行演講，屬於極爲光榮之事，因此我認爲這是藉由適度的緊張感與成就感而產生的優質壓力。

做一個凡事樂在其中，抗壓性超強之人

該怎麼做才能成爲抗壓性超強之人？

沒想到竟然十分簡單，那就是常保「凡事樂在其中」的心態。

「考試正是發揮實力的大好機會。」

「運動會正是展現自身迷人風采的場合。」

「和自己拙於應付的主管小酌，正是學習如何與人溝通的場合。」

諸如此般，不如換個角度思考，**拋棄讓自己陷入負面情緒或心靈受創的念頭，認定凡事對於提升自我來說，皆屬於助益匪淺的壓力**。

只要能透過這種方式把惡性壓力轉換成良性壓力，當克服此項壓力時，將可獲

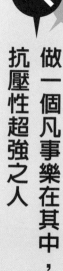

得成就感、滿足感、自信心、自尊心，而這一切都會變爲痛快淋漓的感受，原本令人生厭的痛苦壓力，一變成爲令人開心不已的優質壓力。

老是回首過往、躊躇不前的人，往往是被壓力壓垮的類型。

舉凡認眞過頭且行事一板一眼的人、責任感強到總是自我苛責的人、容易感到不安的人、完美主義者等，全屬於無法把吃苦當吃補，只是一味地感到痛苦與不安的類型。

話雖如此，若不反省過往將無法進步。

以我個人爲例，每逢在學會裡遭到抨擊卻無法雄辯滔滔，或是上電視節目卻無法妙語如珠之時，我總是沮喪不已。不過，與其借酒澆愁，或打算睡一覺忘掉一切，還不如趁記憶猶新時，訂出下一次的策略。

如果找到了好答案，我便立刻報名參加下一次的學會活動，有道是失敗的累積乃是邁向成功的捷徑。

不過，還是有一些實在難以樂在其中的壓力，那就是「人際關係」。

舉例來說，自己用心栽種的農作物就算遭日曬或颱風摧毀，雖然心中惋惜不已，但卻沒有人因此怨恨大自然並打算復仇。畢竟土地本來就屬於大自然，人類只是借用者，受惠於這片土地。

然而，要是自己悉心照顧的農田遭他人破壞，則是拚了命也要捍衛農田，原因究竟為何呢？這是因為動物具有「地盤意識」。

動物對於異性較為寬容，但對於同性則保有敵意。此外，當「個人財產」遭受侵犯，腦中的杏仁體將產生劇烈的厭惡感，隨之發生攻擊行為，而人類同樣有此傾向。

所謂個人財產，包括農地、家畜、住家等，更遑論金錢，而伴侶、孩子也屬於財產。此外，個人社會地位、評價，以及自己的收藏嗜好、信仰宗教、心愛偶像、碗筷、牙刷、褲子、襪子等全屬財產。甚至如果有人入侵自己休憩的空間（個人空間），將會產生嚴重的厭惡感。

基於上述狀況，我們會怨恨、詛咒他人，有時還會出現激烈的攻擊行為。不過相較於對方，其實這種攻擊行為對自己造成的壓力還來得更大，往往會引發失眠、自律神經失調症、憂鬱症等。

至於解決之道，由於不可能要求自己不再厭惡對方，因此應先拋除自己的地盤意識。如果因受他人牽累而損失慘重時，務必認定那筆錢本來就不屬於自己，一切捲土重來。

當我父親病倒時，他身上還揹著三億日圓的負債，而繼承父親名下醫院的我則將債務全數還清。不過對此我毫無怨尤，而是心存感謝地認爲「爲了還債，我才能十年都專注於工作上，而這份經驗造就出今天的我」。

如果失去某種身分的話，便想成「自己原本就不適合那個身分，能出現接任我的人實在太棒了。」

與其抱持崇高的自尊心，還不如把自卑情結當成發條，讓自己專注於一切從零開始的出發吧。

習慣 42

為了捍衛自我而懷恨、攻擊他人根本毫無意義。無論失敗或遭人背叛，都當成「自己的養分」吧。

切勿沉溺於「道人長短的快感」！

幾杯黃湯下肚後便開始批評主管或同事，乍看之下，如此或許能排解壓力，不過其實這是和酒癮、賭癮、藥癮等機制相同的腦部快感。

換言之，由於在道人長短的過程中，可將平日壓抑的悶氣與好友分享，因此感到無比開心，不過事後卻覺得疲憊不堪，大家是否有過這樣的經驗？

這是因爲我們的良心變成一股反制力，指出「道人長短是不當的行爲」，所以導致我們深感壓力。

不過同於賭癮，要是一天到晚道人長短，良心將漸漸淡薄，內心想法變成「遭人批評的人絕對有問題」等，進而認爲道人長短是正確的行爲，如此一來，將會不斷著眼於他人的不當之處，變成老是喜歡道人長短。

就算原本是好友齊聚的批判大會，要是自己始終只說著各種他人的壞話，大家應會漸漸生厭，結果最後只剩自己一人，而且還被視為「只會道人長短的討厭鬼」，遭好友們切割排擠。

我最喜歡編織希望與夢想，然後積極布局以求實現。當半途受挫失敗時，我不喜歡後悔自責，也不喜歡攻擊他人，因為如果有這些力氣和時間的話，我寧可繼續向前邁進。

反之，當遭受批評時，那些神經質且感情細膩的人，總會介意於一些微不足道的小事而無法向前邁進，不過換成是我的話，就算走進死胡同，或是遇上幾乎無法飛越的高牆，我都不會感嘆於自己的實力不足或無能為力，而是堅信「自己必能克服難關」、「或許捲土重來就能發現不同的道路」，積極向前邁進。

能有這樣的思維，全拜我最厲害的過人之處，也是我優點所在的「遲鈍力」之賜。

正因爲個性遲鈍，所以我不但從不自責，反而更加肯定自我，或許就是因此才能自信於「我一定辦得到！」，進而無畏無懼地向前邁進吧。

發揮專注力之時，堅信「自己肯定辦得到」的意念，將可變成一股動力，因此如果大家缺乏自我肯定之心，請訂定較低的目標，每當達標時，便在心裡讚美自己一聲「我好棒！」。

此外，各位不妨認定自己是個具備專注力，可將問題一一解決的「有存在價值之人」。

習慣

43

勿道人長短，也不要在意他人批評地向前邁進吧。

別被腦中的妄想擊敗

有一種病叫做「恐懼症」，就是想像絕不可能發生之事而恐懼不已。比方說一搭乘電梯便擔心「該不會被困在裡面吧？」隨即變得呼吸困難，這就是所謂的「密室恐懼症」；一走上天橋便想像「天橋該不會坍塌吧？」隨即止步不前，此即所謂的「懼高症」。

這些都是腦中的妄想捏造出來的恐懼。

如果你身處無人島上，感到寂寞不已，那就是「孤獨」；不過，明明家人或同事都環繞四周，你卻仍感到寂寞的話，那就不是孤獨，而是由腦部捏造而成，名爲「孤獨感」的妄想。

如果你在沙漠中迷了路，同時感到飢腸轆轆時，那就是飢餓；不過，明明吃了早餐和午餐，當目睹他人大啖零食，自己卻感覺餓起來的話，那就不是「飢餓」，而是名爲「飢餓感」的妄想。

此外，當你全力跑完馬拉松賽程後，肌肉中名爲肝醣的醣類將全數分解爲所謂乳酸的疲勞物質，或許會讓你一時無法站起身來，這就是「疲勞」；不過，明明週六、日無所事事地賴在家裡，週一早上上班前卻深感「唉，好累喔——」，**這就是由腦部捏造而成，名為「疲勞感」的妄想**。

愈想專注於工作或讀書上，腦部愈會引發妄想來阻撓你。諸如「好累喔——」、「好餓喔——」、「好無聊喔——」、「好煩喔——」，若被這些腦部捏造的妄想蠱惑，實在很難讓人全神貫注。

請務必開導腦部一番。

當腦部表示「好累喔——」，便回嗆「根本還沒做多少工作吧？」當腦部表示「好餓喔——」，便回嗆「你的鮪魚肚囤積著不少脂肪吧？」當腦部表示「好渴喔——」，便回嗆「嘴裡還有口水分泌吧？」當腦部表示「好想看電視」，便回嗆

「你是電視兒童嗎？」

只要備妥回嗆腦中妄想的反駁說法，就不會輕易地受其蠱惑。

習慣

44

恐懼、不安、孤獨、疲憊……

全是腦部捏造的妄想，只要巧妙地予以反駁便能幻滅於無形。

第6章

提高鬥志，全神貫注

為了遵守約定而全神貫注

以前我還是個外科實習醫師時，曾有過開刀時間超過十小時的紀錄。

每逢這種狀況，我幾乎很少感到肚子餓，或是想上廁所，這是因爲全身處於「工作模式」之故。

當交感神經處於緊張狀態時，就會心跳加速、末梢血管收縮、血壓上升。此外，胃腸蠕動也會暫停，以至於飢餓感與便意全消，同時還因神經亢奮而毫無睡意。這就是所謂「廢寢忘食」的狀態。

腦部經由神經下達指令：「現在不是吃飯、上廁所、昏昏欲睡的時候，拚了！」

其他諸如「我要和這個乳癌一較高下，拯救病患！」、「我要重建出漂亮的乳房，讓這名病患露出耀眼燦爛的笑容！」等，一旦在自己心裡如此發誓，身體模式便自然而然地進行切換，開啓「專注開關」，讓身體從休息模式轉變成工作模式。

當身體打開這個開關，直到手術結束，我都不會想去上廁所，也不想吃飯，更不會分心思考其他事物。我堅信著自己執行過數千次手術的實績，全神貫注地盡自己所能，一切只爲了治癒眼前的病患。

請思考看看，你願意把自己的性命託付給在手術中一臉睡意，頻打哈欠的醫生嗎？肯定不願意吧？因此我們外科醫師一旦展開手術後，便忘了自己的存在感，當場化身爲人稱外科醫師的專家、專業師傅、專業人員。

此時絕不可或缺的就是專注力。爲了治療眼前的病患，**運用長年累積的經驗和技術，全力進行救治，而引爆這股幹勁的力量，正是集中力**。

話雖如此，畢竟醫生也是人，工作過程中難免感到疲憊，進而專注力幾乎中斷。有個不錯的方法能在這種時候讓專注力得以持續，在此爲各位介紹如下。

爲了幫助即將開刀的病患緩和情緒，我總會在術前說明結束後說一聲「我們一起加油吧！」，同時和病患握手。要是有家屬陪伴在旁，我還會再補一句「請先生也爲我們加油打氣」，並和家屬握手。結果，大部分的病患和家屬都會說聲「麻煩您了」，而且緊緊握住我的手。

就在此刻，我心中的專注力開關頓時開啓，同時滿腔熱血地下定決心「好！爲了這名病患，我拚了！」、「絕不能辜負了家屬的期待」。

不過畢竟我也是個凡人，一旦手術時間拖長，便會感到疲倦。當腦海突然閃過不妨姑且到此結束手術的念頭時，我便會想起病患和家屬剛才那般強而有力的一握，結果立刻改變主意爲「還不能結束，再拚一下」，同時身陷絕境時的專注力隨之一湧而出。

這個方法絕非只適用於我，不分老少，無論何時，全都能派上用場。

習慣 45

藉由心想「全是為了誰！」來提升專注力。

專注於眼前的工作

我是一名乳症外科醫師，執業宗旨爲「畢生呵護女性重要胸部的美容、健康、功能」，於東京、名古屋、大阪、福岡、札幌等全國五家南雲診所，進行乳癌及乳房重建手術。

有一次我正在名古屋進行乳癌手術時，得知某位女士過世的消息。這名女士是我曾經治療過的乳癌患者，個性活潑開朗，也是本診所病友會中的靈魂人物。其實幾年前她的癌細胞已經轉移到骨頭，但她毫不氣餒，持續不斷地努力對抗病魔。她的死訊令我震驚不已，心亂如麻，開刀中的雙手不禁停了下來。

然而，此時有四個字突然從我腦中閃過，那就是「專心一意」。

對自己意義重大的人不幸過世，當然倍感哀戚，不過要是因此而分心，眼前自己正在開刀的病患將會變成怎麼樣？此刻的我應該全神貫注於這場手術才對啊，這就是專心一意的意思。最後，手術總算順利結束，同時確認過術後狀況十分穩定後，我便前往上香。

此外還發生過一件事，事件主角是一名曾在南雲診所任職的護士。這名護士非常優秀，因此我對她格外栽培，不過有一天她雙眼無神，一副失魂落魄的模樣。當我問她發生了什麼事，她表示因爲父親反對她的婚事，導致她無心工作，所以今天想請假回家，不知道行不行。

結果，當天我便要求她辭職。如果是父母病危也就罷了，不過是婚事遭到反對，只要回家好好溝通不就行了？或許我有些嚴苛，但畢竟身爲醫護人員，值班時應該只針對眼前的病患「專心一意」。

無論桌上堆著一百件工作，還是腦中有十個煩惱，此刻應該全力處理的就是眼前這件事。

這種專心一意，正是所謂的「專注力」。

習慣 46

只要秉持「專心一意」的專業意識全力處理，將不會受到任何歡樂或訊息迷惑。

無法全神貫注時，反而要把多項工作擺在眼前

小朋友的專注力很驚人，他們總能針對一件事進入渾然忘我的境界，無論怎麼叫他們，他們都聽不見，就算聽到了也不答腔。不過這種專注力無法持之以恆，原以爲他們還拚命玩著電玩，結果現在卻目不轉睛地看著電視。

我在準備醫師國家考試的時候查覺到一件事，那就是我從早到晚都在讀書，只有上廁所時才稍微休息一下。原本廁所裡擺了很多漫畫，由於一翻閱起來將無法喊停，因此我把漫畫全收了起來，換成吉川英治（日本明治昭和期間歷史小說家）的著作《三國誌》。結果我翻閱的速度極快，沒多久便讀完了整套《三國誌》（共十四集）。

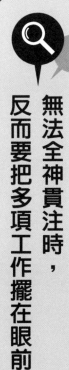

對醫學知識感到煩膩的腦部十分渴望其他資訊。有些感覺挺有趣的生物學和生理學相關書籍，我也曾試擺在廁所裡。結果我翻閱這些書籍的速度同樣飛快，而且讀取的內容陸續被腦部消化吸收。

自然界的動物針對一事進入渾然忘我的境界，其實相當危險，因爲敵人隨時環伺四周。草食性動物總是一邊吃草，一邊豎耳張眼地查探四方有無敵人存在，同時尾巴還不停驅趕蒼蠅，正所謂「一心多用族」。動物爲了生存，往往同時把注意力集中於獵食和警戒上。基於此故，當人類打算專注於讀書或工作上時，也會跟著想專注於打掃整理或梳妝打扮上，箇中道理正是如此。

明明平常總覺得整理房間十分麻煩，不過一打算讀書卻變得很想動手整理；反之，若是父母下令「把房間整理一下」，則會答道「我正在讀書啦」。此外，當打算丟掉書架上用不到的書籍時，平常從未翻閱過的英文會話書籍卻看得津津有味。

各位不妨在此刻非做不可的事情周邊，安插一些平常想做的事情吧。

除了打掃整理之外，其他諸如寄感謝函或賀年卡給曾受其照顧的人、整理資料、擦鞋、院子除草等都能安排，進行狀況將順利得令人意想不到。**雖然無法專注**

於眼前的事物上，卻能專注於周邊事物，而一旦打算專注於周邊事物，隨之也能專注於眼前事物。

坐在書桌前，要是一直嘟囔著「完全提不起勁耶」，轉眼間一天就這樣過去了。此時不妨一邊心繫著工作或讀書，一邊開始做其他的事。當腦部對那件事漸感厭煩後，將分外變得很想工作或讀書。

話說畢卡索也曾同時繪製多張畫作，與其說他無法專注於一種事物，或許他罹患了可同時專注於多種事物的過動症吧，據說他只會完成當天想動手作畫的作品。

達文西身兼畫家、醫生、設計師、建築師、哲學家、發明家等數種身分，同時從事各種工作。諸如此般總是同時專注於多種事物，並於歷史上流芳百世的天才，實在多不可數。

習慣

47

無法專注於一種事物時，可切換成「多元專注模式」。

網路世界充滿讓人上癮的誘惑

我們的周遭有一些乍看爲免費提供資訊，其實卻是引誘我們上癮，藉以從中獲利的媒體。

諸如「電視」、「電玩」、「網路」、「YouTube影片」等。

這些媒體最適合用來打發時間，雖然其中也包含意義獨具的內容，不過由於它們的架構通常爲一旦開始便難以中止，所以有人因此上癮。基於此故，當必須專注於工作或讀書上時，這些媒體正是最糟糕的專注阻撓因素。

無法專注於工作或讀書上時，不禁就打開了電視開關，其中綜藝節目更是以強大的吸引力拉走我們的專注力。

當回過神來，才發現花在工作或讀書的時間爲半小時，而看電視卻有一小時，幾乎所有的專注力都被電視搶走，眞可說是嚴重的專注阻撓因素，對吧？請把電視節目一律視爲毫無收看價值，但我有露臉的節目除外（玩笑話）。

因打算工作而開啓電腦，結果卻不禁看起YouTube影片；一旦開始觀看相聲，將對於相聲家的精湛口條又是佩服，又是爆笑不已，完全忘記時間的流逝。這實在是太恐怖了，轉眼間半天就這樣過去了。

沉迷於電玩和賭博，不可說是基於專注力，這並非出於自發性的專注，充其量不過是因爲上癮，才導致心思被它們奪走。

其實不受這些眼前的歡樂或難得體驗誘惑，一心以達成人生使命爲目標向前邁進，才是眞正的專注力。

習慣

48

一直瀏覽網路或觀看 YouTube 並非基於專注力，實為上癮的一種。

正因為身為凡人，才能全神貫注

每當看到排放於書店中的各種「成功叢書」或「工具叢書」，往往不禁伸手拿取，因爲內心總想學習仿效成功人士。

一翻開書閱讀，當中字字句句皆屬金玉良言，於是不自覺地用螢光筆畫起重點。一口氣看完之後，便收到愛書專用的書架上永遠珍藏。

不過，若問人生因此有何改變，答案卻是依然回到自甘墮落的日子。

正有如剛看完場面浩大的英雄電影一般，一時之間情緒亢奮激昂，滿口說著內心的感動，不過卻沒打算讓自己化身爲那位英雄。

這是因爲我們心裡有數自己並非愛迪生，也不是洛克斐勒。

「這個人好厲害唷，眞希望自己的成就至少能與他相近，不過這是不可能的事，因爲自己只是一介凡人。」

沒錯，我們只是凡人，與其關心世界和平，我們更在乎晚餐吃些什麼。

凡人無法如偉人一般堅毅不撓地累積實力。

爲了考試而讀書時，雖然說只要平時有燒香，便不用臨時抱佛腳，不過大家就是不善於平時燒香。工作上也往往是期限迫在眉睫時才手忙腳亂，因爲我們只是一般的凡人。

最後的救命繩就是身陷絕境時的「專注力」。

猶如超人力霸王（Ultraman，日本超人電視影集主角）一般，每逢千鈞一髮之際便瞬間變身，並於有限的時間內一鼓作氣地把敵人擺平。正因為時間有限，才得以發揮的力量，就是專注力。

其實這種專注力正是外科醫師的特質所在。

內科醫師只要開藥便能治病，不過，當然不可能吃一天藥就能改善症狀，因此他們必須經過深思熟慮以決定治療方針。以平緩的情緒一邊喝咖啡一邊細細思索，就是內科醫師的工作特質。

然而我是外科醫師，外科醫師的治療全靠一把手術刀。

此外，由於得在全身麻醉藥效未退時完成治療，因此時間有限，而且病人的狀況也隨時在變。有時在開刀過程中，還會發生預期外的狀況，此時依然不能停手，並且得不流半滴汗地一一做出應變決定，最終把一場手術完成，這就是外科醫師的工作。

一整天進行數次手術，結束後沖個澡，然後和同事小酌一杯，這就是外科醫師的工作特質。

我每年約爲六百個病例進行乳癌的重建手術，若再加上其他乳房手術，一年進行的手術達一千多個病例，而我從未在固定時間內中斷專注力。

這樣的生活一旦過了一整年，將產生極不尋常的自信，亦即深信自己「當面臨千鈞一髮之際，即使再血腥恐怖的場面，我也能於短時間內保持專注撐到最後」。

凡人雖然遲遲不肯著手工作或讀書，不過一旦期限迫在眉睫，彩色計時器（超人力霸王胸前的警示燈）開始閃燈，便會在半夜起床，並且變得全神貫注（我此刻也是如此）。

換言之，身陷絕境的專注力已完全點燃。

習慣 49

有時親身體驗一下血腥恐怖的場面，將能產生自信。

第7章

人生全靠「專注力」才得以突破難關

正因為身為廢柴，所以更能發揮專注力！

到目前爲止我寫過很多本書，其中也有幾本榮登暢銷書寶座。

在暢銷書中，我自信滿滿地展開論述，並以大家都能淺顯易懂的方式，說明維持健康與青春的方法，因此想必有不少讀者認爲我是一位「自信滿滿的頂尖醫師」。

不過，**我的人生其實根基於「自卑感」**。

諸如長相其貌不揚的自卑感、功課不好的自卑感、缺乏才能的自卑感等。

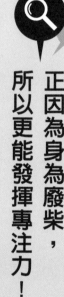

人生中頭一個讓我產生自卑感的對象，就是我的父親。

父親是日本美容外科的先驅者之一，曾經開業經營大型診所；他身材高大，體格壯碩，長相猶如電影明星般俊俏；不僅唱起民謠有如專業歌手一般，還會彈奏樂器、表演單口相聲；此外酒量很好，談話也十分風趣。

因此，他的四周總是人群環繞。

小時候我也是父親的粉絲之一。每當父親下班回家，我總是諂媚地上前迎接，然後掛在父親的手臂上，要他把我盪來盪去，或是和他一起玩摔角、幫他按摩肩膀等，一直黏著父親不放。

我就讀小學時，雖然功課不錯，但不是第一名；雖然個頭較大，跑起來也很快，但卻拙於球類運動；此外個性也沒有活潑到會掀女生裙子。換言之，我並不屬於那種能當上班長的領導者類型。

儘管如此，我還是考取了國高中直升型的駒場東邦學校。

我的周圍有許多文武雙全、完美無缺的菁英學生，無法和他們相提並論的我立刻逃離戰線，一邊逞強說著「讀書和運動都好遜……」，一邊加入了熱音社和單口相聲研究社，原因是參加這兩種社團似乎較受女生歡迎。不過其實效果並不太好，結果我的國高中生活，就這樣糊里糊塗地度過。

因爲自己的態度總是吊兒郎當，導致一到青春期便自認爲翅膀硬了，對父親的叛逆之心漸漸萌芽，變得無法原諒「大人總是說一套，做一套」。

結果到了高二的第二學期，我終於動手毆打了父親。

不過，凡是個人，只要內心有百分之一的敬意，便無法下手毆打父母。我宛如被繩索綑綁一般保持揮拳的姿勢，全身顫抖地杵在原地。

各位認爲我的父親結果做何反應？他把手放在我的頭上，對我說了一聲「好了好了」。這下子我的怒氣簡直衝到最高點，心中暗想「可惡的老頭，竟把我當成小孩看待」，隨即窩進自己的房間，徹夜未眠地苦思「該如何向父親報仇？」

首先浮現腦海的是「上吊死給他看好了」，不過萬一求死不成，搞不好得受後遺症所苦。

接著想到的是「離家出走算了」，但因爲我身上沒有半點盤纏，所以從明天起就得挨餓。

接著我還想到了「去混幫派」，但是黑社會的上下關係似乎也相當嚴苛，畢竟我對自己的力氣也毫無自信，所以一樣打消了這個念頭。

結果我最後想到的是，**若要打敗大人，就得用大人社會的遊戲規則奮力一戰**。如果要戰勝身為醫師的父親，我想唯一的辦法就是「成為比父親更加偉大的醫師」。

從隔天起，我彷彿變了個人似地開始每天讀書八小時。即使在寒冬裡，只要感到昏昏欲睡，我便把窗子全部打開，而且上半身只穿無袖背心，下半身則穿睡褲，全身上下任北風吹襲，一邊高喊「我要報仇——！」一邊讀書。

習慣 50

把對於父母及社會的負面情感，轉化成自己面對將來的正面專注力吧。

徹底分析「自己的弱點」

高二第二學期時，我因爲化學成績不及格而變成倒數第一名，所以集中火力苦讀化學。

我買了考試用的參考書，不分青紅皂白地立刻開始解題。當我每天寫五十題，然後試著自己打分數後，結果竟然滿江紅。於是我針對答錯的部分核對解答，從中學習，同時隔天也一樣如法炮製，再隔一天亦然。

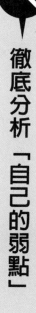

如果只是單純的讀書，應該馬上就膩了吧，不過我的目的是「報仇」。

跟蹤狂爲了向甩了自己的女性報仇，常會一天打上多達一千通的電話。所謂報仇之心，往往在報仇成功之前，手段會愈來愈激烈，因此剛開始一天寫五十題，只是點燃報仇之心的火苗，隔天便增加爲六十題，再隔一天更增加到七十題，解題進度愈來愈快。

而且一心想要報仇的傢伙總是認定「都是對方的不是，自己一點錯也沒有」、「我要以正義之名，和你一決勝負」，因此沒有半點愧疚之情，不懂得否定自我。同樣的道理，我完全不會因爲自己解不出答案而認爲「我真是個沒用的傢伙」、「我根本沒資格批評自己的父親」，而是秉持著「給我等著瞧」、「到時就別哭著求饒」的心情解題，因此才花大約一個月便寫完一本參考書，不過當然是錯誤連連啦。

於是，同樣的題目我又寫了一遍。由於這次有稍微記住答案，因此答對的比例約爲頭一次的兩倍。

到了最後，則只針對「兩次都答錯的題目」再解答一次。

結果呢，笨蛋就用笨方法，我藉此慢慢認清自己的弱點何在，接著只要著重於弱點惡補就行了。

同時，我也漸漸認清過去總是覺得如高牆一般無法突破的對手。以化學爲例，原先我以爲自己就算花上一輩子，也背不完相關的知識，但才試著反覆解題數次，我便認清化學的眞面目。

其實化學與數學相同，只要以「定律」來背就會解題。然而參考書的目次當中，除了「理想氣體狀態方程（結合波以耳定律、查理-給呂薩克定律而得的氣體物理行爲方程式）」之外，沒有提到任何定律。

透過這樣的過程，我看出這個部分就是我的障礙所在，進而認爲化學簡直就是小兒科。

有道是「知己知彼，百戰百勝」，只要參透對方，補強自己的弱點，便毫無可懼。結果接下來的第三學期時，我的化學成績變成全班第一。

「咦？沒想到還挺容易的嘛……」我不禁驕傲起來，隨即著手挑戰數學和生物學。起初我也是搞不懂這兩個科目，不過當我如法炮製地將參考書複習三次後，發現數學盡是相同的題目。

其實也難怪如此，因爲只能在高中授課範圍內出題，於是我就此識破「以往考試中從未出現過的劃時代考題」，絕不可能被拿來出題。既然如此，只要將考古題複習三次，光看題目就能知道答案。

至於生物學則是開頭最辛苦，因爲我總認爲自己不會套用「定律」和「公式」，多半只能靠死背。

然而，地球生物的祖先全由「原核生物」，也就是原始且不具細胞核的微生物進化而成的吧？

這種生物誕生於地球尚無氧氣的時代，因此它們被稱爲無需氧氣的「厭氧細菌」，可將葡萄糖分解爲兩個乳酸以產生能量。

$C_6H_{12}O_6 \rightarrow 2C_3H_6O_3$＋2個能量

由於過程中不用氧就能分解醣類，因此稱爲「厭氧糖解作用」。此外，對應一般的有氧呼吸，這個過程可稱爲「厭氧呼吸」。

相對於此，「眞核生物」即爲具有眞正細胞核的生物，地球上的動植物全屬於眞核生物。若問爲什麼會變成具有細胞核，則是因爲細胞內存在猶如火力發電廠的粒線體。粒線體會將葡萄糖與氧一起燃燒，分解成二氧化碳和水以產生能量。

$C_6H_{12}O_6 + 6O_2 \rightarrow 6CO_2 + 6H_2O +$ 38個能量

由於過程中利用氧來分解醣類，因此稱爲「好氧糖解作用」，此外這就是一般的有氧呼吸，可稱爲「好氧呼吸」。

雖然人類屬於眞核生物，但由於祖先爲原核生物，因此我們是兼具兩種能量產生途徑的混合種生物。

基於此故，當我們要短距離衝刺時，可如同原核生物一般，進行不用氧來燃燒醣類的「無氧運動」，至於散步時則可如同眞核生物一般，於粒線體內一併燃燒氧、醣類及脂肪，進行「有氧運動」。

你們瞧，生物相當單純吧？只要記住這兩個化學式，生物學就搞懂一半了。接下來只要再鑽研一下孟德爾定律（Mendel's law，有關生物特性的遺傳規律），就全弄明白了。

這和一旦搞懂電玩攻略法，之後便能玩得十分順手如出一轍。到了高三第一學期時，我擠進了同年級的前段排名，而且不知不覺中我已忘記向父親「報仇」一事，只是一股腦兒地拚命「預習」功課。

由於駒場東邦學校為東邦大學的附屬高中，因此我在高三第二學期舉辦的校內升學考時，已取得由駒場東邦高中部直升東邦大學醫學院內定第一順位的資格，但最後我還是應屆考取就讀父親的母校慈惠會醫科大學。

習慣 51

凡事只要以玩電玩的心態掌握攻略，之後將十分輕鬆容易。

切勿想像失敗

就讀慈惠會醫科大學時，我和我父親一樣加入了馬術社，或許我打算超越我父親吧。由於我一次便考取了第一志願，因此我認爲人生沒啥難事，連平常的騎馬練習也是愛練不練，只覺得「爲什麼非得騎在那種搖來晃去的物體上？」

結果到了比賽時，我竟然一樣獲得好成績。換言之，就算平常練習經常偷懶，比賽時仍能發揮專注力。

我認爲打高爾夫球的人可分成兩種類型。一種是明明在練習場上能打出好球，但一上球場卻老是揮出空桿；另一種是平常完全沒練球，但一上球場竟能把球打得又高又遠。想必後者的成績肯定比前者好吧，我也是屬於這一型。由於我對於自己大學入學考前的專注力信心十足，因此深信自己「考試的時候，絕對能考出最好的成績」。尤其當對方的選手緊張到全身僵硬時，我更是認爲自己贏定了。

雖然馬術比賽爲騎在馬上一一跳過一公尺高欄的障礙賽跑，畢竟當場高手雲集，因此往往難分軒輊。只見跳欄愈來愈高，最後還得跳過高及自己身高的跳欄，終於我力抗一般科系的大學，奪得醫學大學首度的個人優勝。

爲何平常辦不到的事，一到比賽卻能辦到？這就是專注力。奧運短跑選手不會在預賽時就全力以赴，他們必定保留實力直到正式比賽，甚至在正式比賽時以刷新世界紀錄的成績勇奪優勝。這種保留實力的要領與專注力十分重要。

習慣

52

切勿想像失敗，而是要一味地編織想像成功時的景象。

只要看透問題的本質，就能高人一等

我就讀醫學大學時，課堂上幾乎都在「夢周公」，因爲我的體力全消耗於早上的馬術社練習、傍晚的樂團練習，以及晚上的聚餐。

儘管如此，我只要在晉級考試時臨時抱佛腳一下，就能姑且過關。不過和我一起玩樂的友人卻無法晉級，每當唯獨我一人以同年級倒數第一名的成績順利晉級時，我眞的感到萬分愧疚。

一直到大學最後一年的夏天結束前，我都有參與馬術比賽，明明只剩下半年就要參加醫師國家考試，卻還不會分辨「紅血球」和「白血球」。

我把夏天的賽程當成最後的出賽，然後便在家閉關，開始準備醫師國家考試。

由於我的程度實在太差了，就算和同學一起讀書，依然是有讀沒有懂，結果只好自己抱頭苦讀。

自從上次報考醫學大學以來，這次是我二度專注力大爆發，有半年時間我都窩在家裡，每天從早讀到晚。

畢竟我的基礎學力掛蛋，因此就算翻開教科書也什麼都不懂。不過，我卻懷有「莫名其妙的自信」，認爲只要全神貫注地準備應考，總會有所成果。

於是，我就在什麼都不懂的狀況下，開始練習解答厚如電話簿的考古題（過往醫師國家考試的題目集錦）。

解題的過程中，我察覺到一件事。

我突然想通「此刻我要追求的並非細微末節般無關緊要的知識，而是身爲醫師的常識」。

NHK（日本的公共媒體機構）有個名爲《家庭醫師Docter G》的節目，現場會邀請三名實習醫師觀看病例模擬畫面，然後讓他們推測病名。我自己也很喜歡看這個節目，但往往看到一半便擔心起這些實習醫師。

如果有位表示胸痛的病患被扛進醫院，身爲醫師的我們首先會懷疑病人是否罹患危及性命的疾病，畢竟萬一診斷有所延誤，病人恐怕就此送命。其次，我們會懷疑是否爲經常發作的疾病。當以上皆非時，便可針對較無急迫性，且非經常發作的疾病，慢慢地思考研判。

然而，來上這個節目的實習醫師們常會突然冒出一些我從未聽過的病名，不僅相當少見，而且不具緊急性。想必他們在求學期間，應該是總坐在教室第一排，一字一句毫無遺漏地抄寫筆記的好學生吧。因爲他們已將教科書從頭到尾背得滾瓜爛熟，所以才會脫口說出感覺有些陌生的病名。不過會說出這種答案的學生，多半無法通過醫師國家考試。

我認為國家考試的目的為淘汰缺乏常識的人，因爲要是將醫師執照核發給這樣的人，醫學將成爲殺人凶器。

接下來，就請各位回答一題由我出題的醫師國家考試題目吧。

請問以下各項敘述何者正確？

①針對HER-2陽性乳癌使用賀癌平（Herceptin）有可能無效。

②Ki-67數值偏高者的病例必須採用術前化學治療。

③家族性乳癌病患中，全數的BRCA1基因都呈陽性。

如何？只要理解出題者的用意，我認爲不具專業知識的各位也能答對。

請不要把注意力放在HER-2、Ki-67、BRCA1等英文字上，等你成爲乳癌專科醫師之後，再牢記這些專有名詞就行了，上述英文字全屬於陷阱。

若問這些考題的目的何在，那就是答題者在成爲醫師之前，是否具備身爲人的常識。

世上並不存在「絕對」、「完全」，因此當題目中出現「必須」、「全數」等字眼時，則答案爲×。相對於此，如果題目寫成「有可能」，則答案爲◯。換言之，正確答案爲①。

諸如此般，結果我變成只要看過題目，就算看不懂內容，也幾乎都能答對，最後只靠僅僅半年的專注力，便輕而易舉地一次就通過醫師國家考試。

習慣

53

專注力一旦提升，將可洞悉隱藏於難題中的「容易答題法」。

有時靈光一閃將顛覆人生

成爲醫師之後，我先到女子醫科大學的「整形重建外科」實習。實習結束後，便先後到慈惠會醫科大學的「一般外科」、癌症研究會醫院的「癌症醫療」，以及我父親診所的「美容外科」學習。

我三十二歲那年的聖誕夜，一人待在書房裡呆想著今後該專攻哪個科別。結果，突然有道光芒從天花板照射下來，並說了一句：

「呵護女性重要胸部的美容、健康、功能吧！」

當時，乳癌屬於專治腸胃的「一般外科」，但乳癌術後的重建卻屬於專治身體外觀先天畸形和外傷的「整形重建外科」，豐胸和乳房上提屬於專治眼鼻的「美容外科」，而餵奶方面則屬於「婦產科」，諸如此般由各個科別兼行診治。換言之，雖然乳房爲女性的特有性徵，卻沒有可一人全權負責的乳房專治醫師。

於是我連忙向這道光問道：「這種醫療該叫做什麼科呢？」結果得到的回答是「乳症專科」。

每當我向他人提起這件事，總被說成「你被神靈附身了」，但不論東西方世界，當我們想到劃時代性的事物時，往往會感應到光芒，以日文來描述的話，可說成「靈光一閃」，英文則是「flash」。這應該是額葉產生想法時的興奮波會擴及全腦，進而刺激後腦視覺皮質使然吧。我看到的光芒正是如此。

在各位的腦海中，充斥著想這麼做、想那麼做的念頭，不過若沒把這些想法字面化，將只是模糊的靈感（idea），隨之無疾而終。當靈感得以轉換爲文字時，才終於成爲概念（concept），此時腦中閃過的興奮波便會擴展開來吧。

「乳症專科，眞是好主意。」有此感想的我從那天之後才不過兩週，就完成了書名爲《乳症專科》的手稿。

過去一直模糊地縈繞腦中的靈感變成文字，然後猶如瀑布般地宣洩而出，讓我幾乎來不及寫稿。

其實不只是文章而已，我連書籍的完稿編排、插圖的草稿都一併完成。換言之，舉凡寫作、插圖、編排設計的工作，全由我一人獨自搞定。

習慣 54

原本渾沌不明的靈感，會於某個時間點瞬間變成精彩的概念。

無人嘗試的不起眼之處存在著需求

有關打算把這篇手稿出版成書一事，當我找父親商量後，他便介紹某家經手個人出版的公司給我，結果數個月後一本書就此出版。

《乳症專科》一書問世了。

一看到送來家裡且堆積如山的書，我簡直不知所措。當時我毫無名氣，根本不敢奢望擺在書店裡就能賣得出去。

於是我又去找父親商量，這次他介紹一家廣告公司給我。透過這家公司，我在女性週刊雜誌的角落登了一則名片大小的廣告：

「乳症專科，作者南雲吉則」。

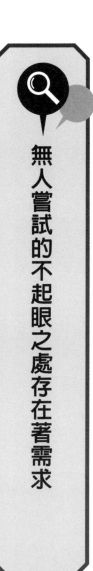

結果令人驚訝的狀況發生了，這本書的訂單和乳症相關的諮詢從全國各地蜂擁而至。世上因乳症問題苦惱不已，卻不知上何處諮詢的人竟然多不可數。

於是我向父親借了五千萬日圓，在上野車站前開了一家名為「乳症專科」的診所。

當時我還是慈惠會醫科大學外科的無薪助手，每週得賣命工作五天，同時每個月有三天要到大學值班，月薪為三萬日圓。

我在自己的乳症專科為週二、週四及週六下午看診，每個月的收入為三千萬日圓。此外，我還被刊登於《週刊文春》（日本綜合週刊雜誌）開業醫院院長簡介的專欄中，羨煞不少周遭之人。

從來沒人嘗試過的乳症專科診所相關概念，果然正確無誤。

習慣 55

找個無人嘗試之事，全神貫注地投入，直到變成自己的專長為止，將可成為「個人優勢」。

正因為人生跌落谷底，才會激盪出好構想

就在這個時候，我父親突然在六十二歲時因心肌梗塞而病倒，雖然撿回了一命，但不得不退休，於是我只好繼承父親的診所。

同時我父親還背有三億日圓的債務。

更糟糕的是原本在「泡沫經濟期」欣欣向榮的日本經濟，因泡沫瓦解而完全崩盤。

有道是屋漏偏逢連夜雨，一般用於豐胸手術和乳房重建的矽膠填充物爲了進行安全確認作業，也在這個節骨眼上遭到禁用。

當時的情況簡直就是諸事不順。

接下來的十年是我人生的谷底，或許日本的企業全都跌到谷底了。

不過，既然我能從那樣的谷底爬上來，今後無論遭逢任何苦難，我都不會再驚慌失措了。

沒銀彈的話該如何進行宣傳呢？這時候我靈機一動，想到了學會報告發表。我突然悟到由於景氣不佳，沒工作上門，因此有充分的時間進行研究。而且，**到學會發表報告和撰寫醫學論文，都是不花一毛錢的廣告**。

此後我便將平常看診察覺的事項，一一在學會中發表，或是寫成論文。

想當然耳，我的作法並未立刻獲得醫學界的認同。畢竟醫學界是老人家的既得利益集團，只要有活力充沛的年輕醫師抬頭，他們就會拚命扯後腿。

不過，我深自認定「評價自己的人並非這些老人家，而是病患」。基於此故，我沒有向學會大老們低頭討好，反而是一邊鄙視他們，一邊將熱情灌注於論文的撰寫上。

從三十歲的後半段到四十歲這段期間，我總共撰寫六十篇以上的論文，其中包含五篇英文論文。就是這個時期的寫作習慣，讓我寫出了後來的暢銷書。

日本自然不在話下，此外，我還積極於韓國及中國的學會進行發表。拜此所賜，我變得經常受到海外特設講座的邀約，韓國、中國的大學還給我「客座教授」的頭銜，同時我也和各國學會的高層們成為好友。

不久後，日本學會的態度也轉為認同，結果慈惠會醫科大學、東京女子醫科大學及近畿大學醫學院皆聘我擔任兼任講師。

同時，我的病患人數和學生人數也陸續增加，因此除了東京之外，我還在地方都市成立分院。目前我的診所遍布東京、名古屋、大阪、福岡、札幌等地。

習慣 56

無論是借貸或工作上的困擾，解套方法理應存在於某處。

只要提升專注力，將出現奇蹟般的靈感

我一年到頭都在寫稿。

醫學雜誌通常會向我「邀稿」，亦即先設定主題，然後拜託我寫稿。舉例而言，當對方提出的主題爲「有關乳房重建的整形效果評價」，我就必須寫出精闢的見解。論文的原創性十分重要，絕不可盜用他人所言。

此外，出版社也會拜託我寫書。打個比方來說，如果對方提議「不如出版一本關於『靈光一閃』的書吧」，我就得讓自己的腦袋閃出些什麼。

然而，我卻心想要是一年到頭都在寫稿，豈不是會腸枯思竭？結果並非如此，一旦持續不停地寫，源源不絕的靈感將一一從我腦海中閃過。

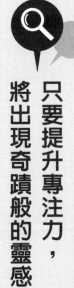

對於單口相聲家而言，靈光一閃十分重要。比方說「猜共通點遊戲」（日本相聲表演中進行的餘興遊戲），「先說○○，再說××，兩者都是……」。瞬間的靈光一閃是平日鍛鍊的成果。

俳句是以「五・七・五」共十七個字來表現的詞句，為世界上最短的文學。由於數百年之間有數不盡的人創作出數不盡的俳句，原以為已經說盡，不可能再創作出新的俳句，沒想到新的俳句依然一一問世。

人腦這種構造，可經由鍛鍊而進化呢。

想當然耳，漫不經心將無法產生好的靈感，因此專注極為重要。

首先由查資料開始。以前我總是去書店或圖書館查閱文獻資料，而今上網便能搜尋，好方便唷。凡是腦中冒出的疑問，都能一一查詢。

過程中雖然會湧現隱約模糊的構想，但尚未字面化。繼續絞盡腦汁構思後，突然每個構想開始相互串聯，形成一條脈絡。當這條脈絡交纏蛻變成一篇文章的瞬間，就能感到靈光一閃，我稱此為「書神」。

為了讓工作或讀書順利進行，進而贏得成功，好的靈光一閃十分重要。以我個人為例，每當我立於人生重要的分岔路口，也經常受助於靈光一閃。該怎麼做才能產生引導人生邁向美好方向的閃光呢？

那就是不能只有靈感構想，還必須具備堅定的信念才行。

舉例而言，**我的信念是「真理即單純，萬物皆共通」**。

個中概念就是若想深入探索人體，只要針對屬於人類祖先的動物，以及屬於動物祖先的單細胞生物加以學習即可。

單細胞生物體內的機制，同樣發生於我們人體細胞當中，這樣的想法絲毫無誤。

擁有以上認知後，才陸續添加各種構想。如果能經常保持專注來活動腦部的話，將可輕易地感覺到這種靈光一閃。

習慣

57

凡事切勿不求甚解，應存疑反問「為什麼？」藉此活化腦部、保持專注力，進而產生新的構想。

重要之人的支持為「專注力」的泉源

支撐我從人生谷底爬上來的原動力，完全來自於希望終有一日能得到父親認同的心情，因此，每當我又跨出人生成功的一步時，我就會去找父親炫耀。

然而，我父親卻回嗆「學會也曾頒獎給我啊」、「我也當過韓國學會的客座教授」等，反過來向我吹噓一番。

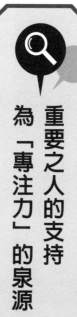

對我而言，父親是一面巨牆，一面既無法突破，也無法翻越的巨牆，總是擋在我的面前。

既然如此，我暗自打了個如意算盤，那就是成立「乳房重建中心」，同時於中心頂樓規劃一間父親的辦公室，然後對他說「怎麼樣？你花一輩子的時間，也蓋不了這麼氣派的醫院吧？」結果，就在我正打算依計行事之際，傳來父親的噩耗。

當我倉皇地趕回家裡，父親已躺在棺木中，四周環繞著他最愛的繡球花。就算我拚命喊道：「喂！老爸！我們還沒比出輸贏耶！」他也沒有作答。我杵在原地，一臉茫然。

結果我的姊姊說了一句：「吉則，就要準備出殯了，不如你趁現在親老爸一下，如何？」

雖然我心想怎麼可能去親一個向來被我視爲競爭對手的人，不過這麼做也算是今生與父親的訣別，於是我在父親遺體的臉頰上親了一下，結果令人驚訝的是雖然他已過世三天，但身體卻毫無屍臭，反而散發著一股令人懷念的味道。

剎那間，原本一直沉睡在我腦海深處的種種與父親的回憶，宛如走馬燈一般重現腦海。那是好久好久以前，我才四歲時所發生的事。當時我因發高燒全身抽搐，陷入痙攣不止的危險狀態，父親一整晚緊抱著我，並在我耳邊不斷鼓勵我：「沒事、沒事，有我陪著你，沒事的。」

那一刻，我摯愛父親身上的香氣和體溫環繞在我四周，讓我深感「啊——眞希望能一輩子都待在這裡」，歷經五十多年歲月，我終於又想起這件事。

就在這一瞬間，原本一直擋在我面前的巨牆突然倒塌了，這座牆根本不是我父親砌成的，而是我自己擅自搭起來的。

我終於恍然大悟父親只是用他的一生持續不斷地守護著我。

對於無法理解父親對我的用心，還一直對他抱持敵意，我實在羞愧不已，感覺內心彷彿破了一個大洞，任憑北風貫穿吹襲。

結果就在此刻，一股來自我父親身上又熱又強的氣息，注入我內心那個巨大的破洞，讓我全身充滿力量。我心想：「怎麼回事？這股強大的力量是什麼啊？」此時閃過我腦海的字眼就是「魂魄」。

有一種物體可從遙遠的過去傳承到無盡的未來，縱使肉體衰老，它也不會衰老，就算肉體毀滅，它也不會毀滅，古人稱此爲魂魄。若問醫學上的名詞爲何，我的答案則是「遺傳基因ＤＮＡ」。

雖然我深自認爲自己是靠自食其力而活到今天，但其實我的身體是由我父母的基因製造而成。

當下，我頭一次具體感受到父母的魂魄一直在我內心陪伴著我，在我感到悲傷時，他們會陪我一起哭泣，而當我感到開心時，他們也會陪我一起歡笑。

其實各位也同樣如此，就算遇到再痛苦的事，各位的父母親必定常伴左右。父母親的魂魄總是對著你喊道：

「沒事、沒事，有我們陪著你，沒事的。」

縱使我們遭逢再大的苦難也能克服，正是因爲有父母的魂魄不斷爲我們加油打氣。當專注力快要中斷之時，請務必想起這一點。

習慣 58

當專注力即將中斷之時，不妨想想自己受到的「恩情」吧。

勿將羨慕他人的情緒轉化為「憎恨」

大家就讀小學時總是天眞無邪，相親相愛，不過進入國高中後，惡劣的霸凌和人際關係的問題卻層出不窮，原因究竟爲何？

孩提時期，我們總在父母和老師頻稱可愛的誇獎聲中長大，因此人性良善的一面不斷成長茁壯。

然而漸漸長大後，所處的環境變成充滿競爭的社會。舉凡個頭矮小、功課不好、長相醜陋、運動神經不佳等，這些微不足道的瑣事都可成爲導火線，引發霸凌事件。

結果自卑情結就此產生，不僅自信心全失，而且還總是在意他人臉色，日子過得膽顫心驚。

基於此故，處事的積極性漸失，無法專注於某一種事物上。

高中時期的我眞是個無可救藥的傢伙，毫無熱衷之事，每天無所事事地度過。雖然我運動神經不佳，就算參加樂團也是笨手笨腳，而且功課不好、素行不良，簡直一無是處，但就是很會狂妄地嚷嚷「給我等著瞧」。此外，我還自認爲廣受衆人愛戴，充滿「莫名其妙的自信」。

拜這份自信之賜，我從高二第二學期開始以最後衝刺的心態專注用功的結果，順利地應屆考取第一志願的醫學大學，不過若反思這份自信從何而來，我覺得應該是「母愛」，因爲我母親總是對我說：「只要你肯做必有所成。」

對於無可救藥的我，母親總是以凝望偶像般的崇拜眼神守護著我。

結果，此舉讓我一直確信「無論發生什麼事都不用擔心，我一定辦得到」，並以此經營人生。

舉凡班級成績從吊車尾一飛沖天地變成第一名、應屆考取醫學大學、通過國家考試、從當上醫師到事業成功，全都是因爲母親爲我深植了「肯做必有所成」的精神使然吧。

如果我自稱「我幾乎沒半個敵人」，周遭的醫師們便會說：「不可能啦，大家都相當嫉妒您呢。」

其實暗中批評我的人、扯我後腿的人或許很多，但我並不怎麼介意。即使出席學會也是四處和人打招呼「嗨——你好嗎？你的頂上又變稀疏了耶——」、「下次到我那裡走走嘛，一起吃個便飯吧！」

無論那個人是否與我爲敵，還是經常批評我，我都不以爲意。

其中也有不懷好意地設法接近我的人，但我完全不在乎。只要我顯得毫不在乎，對方也將變成一個巴掌拍不響，根本吵不起來。

如果問我「爲什麼能自認爲毫無樹敵？」重新思考後，我想是因爲母親對我的愛持續不斷，導致我深自覺得「廣受衆人愛戴」吧。

只要我不把對方當作敵人看，對方也不會視我為敵，甚至還能重新建立友誼。

此外，只要自己懷有卑鄙小人之心，就會引來卑鄙小人，而正人君子則隨之遠離；然而如果能設法讓自己擁有美好的理念，心術不正之人便會遠離，同時陸續招來和自己一樣擁有美好理念之人，這就是所謂的「物以類聚法則」。在這些人的協助下，將可實現無法獨力完成的精彩計劃。

外出用餐時，我往往馬上就和鄰桌的女性客人聊起天來，此外也結交不少女性朋友。

我實在無法相信世上存在著「十年沒交女朋友」的男性。任何人都需要朋友，只要自己主動攀談，馬上就能成爲朋友，不是嗎？

醫生也是凡人，因此當遭到病患抱怨時，難免會產生自衛心態，比起爲對方設想，會先設法規避自己的責任。

不過，由於我向來認爲「自己深受病患信任」，所以總能態度和藹地面對病患，如此一來，病患也能放下心來，輕鬆地和我討論病情。只要親切地對待病患，幾乎不會發生任何糾紛。

我之所以如此，全是因爲我受母親不求回報之愛的影響，而能自認「廣受衆人愛戴」所致吧。

拜此所賜，針對壓力頗多的人際關係，我幾乎沒感覺到什麼壓力，日子過得相當怡然自得。

習慣

59

為了不讓無謂的嫉妒和競爭心態降低專注力，不妨認定「世上沒有自己的敵人」。

後記……**為了崇高的理念而全神貫注**

專注力必須有魂魄潛藏其中。

所謂魂魄就是從遙遠的過去傳承到無盡的未來，縱使肉體衰老，它也不會衰老，就算肉體毀滅，它也不會毀滅的物體，古人稱此為魂魄。

若從現代醫學的角度解釋，魂魄就是遺傳基因DNA。遺傳基因DNA中記載著三個命令，第一個是「活下去」，第二個是「繁衍子孫」，第三個是「以生命捍衛家人和同胞」，這些就是我們誕生於這個世間的人生使命。

動物在進行「獵食」、「築巢」、「求愛」等行為時，之所以能渾然忘我地保持專注，就是因此之故，此外以生命捍衛巢穴和族群，也是因此之故。

沉迷於電玩和賭博，不可說是基於專注力，這並非出於自發性的專注，充其量不過是因爲上癮，才導致心思被它們奪走。

其實不受這些眼前的歡樂或難得體驗誘惑，一心以達成人生使命爲目標向前邁進，才是眞正的專注力。

由於我是外科醫師，因此有時得告知病患生命還剩多少時間。

如果你的生命只剩三天，你打算如何度過？一旦被告知生命只剩三天，應該沒人打算減肥或禁菸吧，也不會有人開始學英文。

通常應該會暴飲暴食、老菸槍則盡情抽菸、好色者則和女性一起歡度時光。人生的「短期目標」的確是「快樂」沒錯。

如果人生只剩三個月，通常會說想去旅行、前往從未去過的地方、欣賞從未看過的景物。

此外，一天到晚打高爾夫球也行，或是釣魚、爬山、四處泡祕境溫泉等，總之就是要逃避日常，亦即逃避現實，暫時到世外桃源一遊。

換言之，人生的「中期目標」就是「異於日常」。

不過，要是還剩下三年，你將會怎麼做？希望大家能深入思考，尋找人生的

「長期目標」與「最終目標」。在這三年當中，難道各位不想留下自己的生存軌跡嗎？不想保有曾生於此世的證明嗎？

我們究竟是為了何故而生於這個世間？

有什麼非做不可的事呢？

我認為大家在懶散的每一天中，漸漸遺忘了自己出生之時，確實背負而來的宿命，又或者世間的娛樂奪走我們的心，讓我們迷失了自我。

比方說讓人上癮的嗜好品，諸如尼古丁、咖啡因、酒精、糖分、化學調味料等。

或是讓人上癮的資訊工具，諸如電視、網路、電玩、手機等。

如果一直沉浸在這類麻藥中，恐怕自己的人生將被視為無所事事，只是在虛耗時光而已吧。因此請務必痛下決心試著斬斷麻藥的誘惑，人生的目標將撥雲見日地浮現而出。

人生的最終目標既非「快樂」，也不是「異於日常」，而是認清「日常」之中的事物。曾讓我們抱怨不已的工作、讀書或家事，其實在在鼓勵著我們自身的魂魄，讓每一天變得無比精彩絢爛。

如果能澈悟這一點而試著專注於日常，工作將變得相當精彩，讀書將變得有趣，家事也會變得充滿樂趣。

一旦以自身的工作爲榮，表情將變柔和、待人將變親切、對人將心存感謝、會自動自發地讓工作更加充實豐富。此外還會吸引傳承者聚集，並對於傳承者的成長露出會心的微笑。

一旦了解讀書的樂趣，將無法停止讀書，疑問接連冒出並找到答案，答案間彼此相連並產生脈絡，脈絡又變成知識的巨浪與概念，最後漸漸擴展出全新的世界。

一旦精通家事，將能帶來健康的每一天、帶來家人的笑容、帶來光明的未來，進而認清以生命捍衛的珍貴事物。

透過全神貫注，將可克服苦難，重新發現克服苦難後成長茁壯的自己，並對自己刮目相看，產生喜愛自己與爲自己加油打氣的心情。能愛自己正意味著這一生的幸福；能夠肯定自我、肯定自己所爲，肯定最後結果的人，定能得到幸福。

爲了喚醒沉睡於體內的靈感、夢想、希望、可能性、魂魄，不妨先從專注於此刻眼前的小事開始做起吧，這正是邁向嶄新人生的第一步。

本書試著彙整任何人都能立刻上手的專注力強化法。

閱讀本書到最後一頁的各位，請務必把這些方法融入目前的生活中，就算一種也無所謂，進而強化專注力，維持不老化、不懈怠的頭腦與身體。

習慣

60

不要忘了「自己是基於何故被生下來的」！

Beautiful Life 55

為什麼一流人才的專注力能持續一整天？
日本外科權威南雲醫師教你強化專注力的60個習慣

原書書名——なぜ、一流の人は「集中力」が1日中続くのか？
原出版社——株式会社KADOKAWA（中経）
作　　者——南雲吉則

譯　　者——簡琪婷
企劃選書——劉枚瑛
責任編輯——劉枚瑛
版 權 部——吳亭儀、翁靜如
行銷業務——林彥伶、石一志
總 編 輯——何宜珍
總 經 理——彭之琬
發 行 人——何飛鵬

法律顧問——台英國際商務法律事務所　羅明通律師
出　　版——商周出版
臺北市中山區民生東路二段141號9樓
電話：(02) 2500-7008　傳真：(02) 2500-7759
E-mail：bwp.service@cite.com.tw
發　　行——英屬蓋曼群島商家庭傳媒股份有限公司城邦分公司
臺北市中山區民生東路二段141號2樓
讀者服務專線：0800-020-299　24小時傳真服務：(02)2517-0999
讀者服務信箱E-mail：cs@cite.com.tw
劃撥帳號——19833503　戶名：英屬蓋曼群島商家庭傳媒股份有限公司城邦分公司
訂購服務——書虫股份有限公司客服專線：(02)2500-7718；2500-7719
服務時間——週一至週五上午09:30-12:00；下午13:30-17:00
24小時傳真專線：(02)2500-1990；2500-1991
劃撥帳號：19863813　戶名：書虫股份有限公司
E-mail：service@readingclub.com.tw
香港發行所——城邦(香港)出版集團有限公司
香港灣仔駱克道193號東超商業中心1樓
電話：(852) 2508 6231傳真：(852) 2578 9337
馬新發行所——城邦(馬新)出版集團
Cité (M) Sdn. Bhd. (458372U) 11, Jalan 30D/146, Desa Tasik, Sungai Besi, 57000 Kuala Lumpur, Malaysia.
電話：603-90563833　傳真：603-90562833
行政院新聞局北市業字第913號

美術設計——copy
印　　刷——卡樂彩色製版印刷有限公司
經 銷 商——聯合發行股份有限公司　新北市231新店區寶橋路235巷6弄6號2樓
電話：(02)2917-8022　傳真：(02)2911-0053

2017年（民106）04月06日初版　Printed in Taiwan　定價320元　城邦讀書花園
2020年（民109）02月26日初版3刷
　ISBN 978-986-477-194-3
商周出版部落格——http://bwp25007008.pixnet.net/blog

國家圖書館出版品預行編目

為什麼一流人才的專注力能持續一整天？：日本外科權威南雲醫師教你強化專注力的60個習慣
南雲吉則著；簡琪婷譯. -- 初版. -- 臺北市：商周出版：家庭傳媒城邦分公司發行,
2017.04　224面；14.8*21公分　譯自：なぜ、一流の人は「集中力」が1日中 くのか?
ISBN 978-986-477-194-3（平裝）　1. 注意力　2. 成功法　176.32　106002008

NAZE,ICHIRYU NO HITO WA "SHUCHURYOKU" GA 1NICHIJU TSUZUKUNOKA?

Beautiful Life

Beautiful Life